장수의 악몽

노후파산

ROUGO HASAN : CHOUJU TO YUU AKUMU
by NHK SPECIAL SYUZAIHAN

Copyright ⓒ 2015 Yasushi KAMATA, Toshiko ITAGAKI, Takuya HARA
(NHK "NIPPON HOSO KYOKAI")
Originally published in Japan by SHINCHOSHA Publishing Co., Ltd.
Korean Translation Copyright ⓒ 2016 Dasan Books Co., Ltd.
Korean edition is published by arrangement with SHINCHOSHA Publishing Co., Ltd.
through Danny Hong Agency.

일러두기

1. 엔화는 100엔 기준 원화 1000원으로 환율을 적용하여 번역했습니다.

2. '개호(介護) 서비스'는 영어 케어 서비스(Care Service)에서 온 말로, 우리나라의 '노인 돌봄 서비스'와 비슷한 제도
   입니다. 여기서는 개호 서비스를 돌봄 서비스로 번역했습니다.

3. 일본의 후생연금(厚生年金) 제도는 '정부에서 운용하는 퇴직연금 제도'로 볼 수 있습니다. 민간기업에 근무하는 직
   장인이 가입하는 제도로, 퇴직 후 국민연금(기초연금)에 더해서 받을 수 있는 연금입니다.

장수의 악몽

노후파산

NHK 스페셜 제작팀 지음 | 김정환 옮김

다산북스

NHK가 밝힌
충격적인 노후파산의 실상

2013년 8월, 나는 연락을 받고 신주쿠 서쪽 출구에 있는 술집에 갔다. 생선 굽는 연기가 자욱한 가게에서 나를 맞이한 사람은 이타가키 요시코(板垣淑子) 프로듀서와 호다이 노리오(宝代智夫) 카메라맨이었다. 두 사람 모두 2006년부터 2007년에 걸쳐 방송된 NHK 스페셜 「워킹푸어」를 함께 제작한 둘도 없는 동료다.

"고령자들이 안고 있는 문제를 취재하려 하는데, 다시 한 번 같이 방송을 만들지 않겠습니까?"

물론 그 자리에서 승낙했다. 거절할 이유가 없었다. 이렇게 해서 우리는 홀로 생활하는 고령자의 치매 문제를 취재하고 그해 11월 24일에 NHK 스페셜 「'치매 환자 800만 명' 시대. 도움을 요청하지 못하는 사람들―고립되는 치매 고령자」를 방송했다. 그리고 그 후속편이 바로 이 책, 『노후파산』이다. 아마도 들어본 적이 없는 말일 터인데, 고령자의 생활을 지탱하는 '돈' 문제에 초점을 맞추기 위해 이타가키 프로듀서가 생각해낸 조어다. 홀로 사는 고령자가 600만 명에 육박하는 가운데 연수입이 생활보호 수준에 미치지 못하는 사람은 대략 절반에 이른다. 그런데 이 가운데 생계보호를 받고 있는 사람은 70만 명이다. 물론 남은 사람들 중에는 예금 등 모아놓은 돈이 충분한 사람도 있다. 그러나 이들을 제외하면 약 200만 명이 넘는 홀로 사는 고령자가 생활보호를 받지 못한 채 연금만으로 근근이 생활을 계속하고 있는데, 만약 병에 걸리거나 돌봄 서비스가 필요해지기라도 하면 생활은 파탄을 맞이하게 된다. 이타가키 프로듀서는 이런 상황을 '노후파산'이라고 부르기로 했다고 내게 설명했다.

설명을 들으면서 내 머릿속에는 「워킹푸어」를 제작할 때 우리가 취재했던 아키타 현 센다이 시의 스즈키 유지(鈴木勇治, 당시 74세)씨가 떠올랐다. 스즈키 씨는 양복점을 운영하고 있었는데, 지방이 쇠락하는 가운데 매출이 늘지 않아 연 수입이 240만 원 남짓에 불과했다. 매달 60만 원씩 연금이 들어오기는 하지만, 알츠하이머병으로 입원한 아내의 한 달 입원비가 60만 원이었기 때문에 전부 입원비로 써야 했다. 그러다 보니 한 끼 식사에 쓸 수 있는 돈은 1000원에서 2000원에 불과했다. 우리가 취재한 날의 반찬은 오징어 통조림과 3팩에 990원짜리 낫토뿐이었다.

생활보호를 받으면 되지 않겠느냐고 생각하겠지만, 스즈키 씨에게는 1000만 원의 예금이 있었다. 생활보호를 받으려면 재산으로 간주되는 예금을 헐어야 한다. 그러나 스즈키 씨는 절대 이 예금에 손을 대려고 하지 않았다. 아내의 장례비로 쓸 소중한 돈이기 때문이다. 전형적인 '노후파산'의 경우라고 할 수 있다.

"결국 가난뱅이는 빨리 죽으라는 건가……."

스즈키 씨의 이 혼잣말은 내 가슴속 깊이 파고들었다.

제작진은 방송이 끝난 뒤에도 스즈키 씨와 계속 연락을 주고받았다. 입원했던 아내는 얼마 뒤 세상을 떠났고, 스즈키 씨는 아내를 위해 성대한 장례식을 치렀다고 한다. 그 후 병치레가 잦아진 스즈키 씨는 가게를 접었다. 예금을 전부 장례식에 써버린 결과 생활보호비 수급이 가능해졌고, 지금은 노인 복지 시설에서 살고 있다. 잔혹한 말인지도 모르지만 아내의 죽음과 최소한의 생활 보장을 맞바꾼 셈이다. 이렇게 정해진 시스템이고 그것이 현실이겠지만, 어딘가 부조리함과 쓸쓸함이 느껴진다.

지금 고령자를 둘러싼 환경은 가혹하기 이를 데 없다. 저출산과 고령화가 급속히 진행되는 가운데 연금과 의료, 돌봄 서비스 같은 사회보장비는 국민 소득의 30퍼센트 이상을 차지하고 있다. 1990년에는 현역 세대 5.1명이 고령자 한 명을 부양했지만, 2010년에는 2.6명, 2030년에는 1.7명으로 거의 현역 세대 한 명이 고령자 한 명을 부양하는 구조에 가까워지고 있다.

"자기들은 누릴 거 다 누려놓고서 뒷감당은 우리한테 떠넘긴다."

젊은 세대 사이에서 이런 불만의 목소리가 들리고 있다. 세대 간의 대립이 심각해지고 있는 것이다. 헌법이 보장하는 최저 수준인 생활보호비에 대해 "너무 많은 게 아닌가?"라는 비판과 부정 수급 문제를 유독 부각시키는 일부 대중 매체의 언설도 눈에 띈다.

그리고 반드시 나오는 말.

"그렇게 된 건 당신들의 책임이잖소?"라는 자기 책임론.

이런 고령자를 둘러싼 복잡한 상황을 그대로 방치해도 되는 것일까? 우리는 그러고 싶지 않다. 심각한 상황이기에 더더욱 '최선의 해답'을 찾아내고자 애쓰는 사회였으면 한다.

이 책은 2014년 9월 28일에 방송된 NHK 스페셜 「노인표류사회―'노후파산'의 현실」을 바탕으로 방송 시간상 소개하지 못한 고령자의 현실까지 포함해 새로 쓴 르포르타주다. 노후파산에 처한 고령자를 어쩔 수 없다며 포기할 것인가, 아니면 문제 해결을 위해 한 발을 내디딜 것인가? 무엇보다 먼저 지금 무슨 일이 일어나고 있는지 그 현실을 직시하는 것부터 시작해야 한다.

'현장'을 알아야 비로소 논의를 시작할 수 있다.

老後 차례
破産

4장 지방의 노후는
생존을 건 싸움이다

5장 당신도 노후파산의 예외가 아니다

노후파산은
현실이다

"이런 노후가 찾아오리라고는
예상도 못했지."

초고령 사회를 맞이한 일본에서는 지금 '노후파산'이라고 할 수 있는 현상이 확산되고 있다. 연금으로 생활하던 고령자가 병이나 부상 등 누구에게나 일어날 수 있는 일상생활의 작은 사건을 계기로, 자신의 수입만으로는 살아갈 수 없게 되어 파산하는 사례가 줄을 잇고 있는 것이다.

"병원에 가야 하지만 돈이 없어 참고 있다오."

"연금만으로 생활해야 해서 하루에 한 끼만 먹고 있지. 하지만 그렇게 해도 1000원은 쓸 여력이 없다오."

이것은 지극히 평범한 인생을 살던 고령자들이 현대 일본 사회에서 직면하고 있는 현실이다. 왜 이런 사태가 확산되고 있을까? 그 배경에는 거의 20년에 걸쳐 계속되고 있는 세대(世帶)당 수입 감소 현상이 자리하고 있다. 일하는 세대의 수입이 계속 줄어들고 있음은 물론이고, 고령자의 1인당 연금 수입도 꾸준히 감소하고 있다. 게다가 '독신화' 현상이 가속화되면서 홀로 사는 고령자가 600만 명을 넘을 기세로 급증하고 있다.

부부가 함께 사는 동안에는 두 사람의 연금을 합쳐서 생활을 유지할 수 있지만, 한쪽이 세상을 떠나면 한 명의 연금으로 살아가야 한다. 그러나 홀로 사는 고령자의 연간 연금 수입을 분석한 결과를 보면 생활보호 수준인 1200만 원에 미치지 못하는 고령자가 약 절반, 거의 300만 명에 이른다. 이미 생활보호를 받고 있는 70여만 명을 제외한 200여만 명 중에는 연금 수입만으로 생활하기가 빠듯한 사람도 적지 않다. 이들의 수입을 월 단위로 환산하면 100만 원 미만으로, 국민연금(상한선은 65만 원 정도)과 회사원 시절에 납입한 후생연금을 함께 받고 있는 사람도 포함되어 있다.

100여만 원씩 연금을 받고 있는데 설마 심각한 사태에 직면하겠느냐고 생각하는 사람도 많을 것이다. 그러나 연금으로 100여만 원을 받고 자신의 집도 가지고 있으며 어느 정도 예금까지 있었던 사람조차 조금씩 궁지에 몰리다 노후파산에 처하는 사례가 적지 않다는 사실을 취재 과정에서 알게 되었다.

"이런 노후가 찾아오리라고는 예상도 못했지."

우리가 취재한 많은 고령자는 자신이 노후파산에 처하리라고는 꿈에도 생각해본 적이 없었던 사람들이다. 회사원, 농가, 자영업자 등 저마다 나름대로 노후를 준비해왔던 사람들이 "설마

내가 노후파산의 대상이 되리라고는……"이라며 망연자실한 표정을 지었다.

노후파산의 계기는 병이나 부상 등 나이를 먹으면 누구에게나 일어날 수 있는 일이다. 특히 부양해줄 가족 없이 홀로 살고 있을 경우는 의료비나 돌봄 서비스 비용이 무거운 부담으로 다가온다. 아직 버틸 만한 동안에는 병원에 가지 않고 최대한 참아보지만 언젠가는 중병으로 발전하거나 앓아눕게 되어 방문 돌봄 서비스 또는 방문 치료를 받아야 하는 날이 찾아오며, 그 비용을 자력으로 부담할 수 없을 경우는 생활보호를 받게 된다. 이러한 절박한 상황에 처해 있으면서 연금만으로 빠듯하게 생활을 꾸려나가는 상태를 '노후파산'으로 정의한 것이다.

100만 원의 연금 수입이 있으면 건강한 동안에는 독신 생활을 어떻게든 유지할 수 있다. 그러나 수술이 필요한 병에 걸리거나 부상으로 입원을 해야 하는 상황이 되면 언젠가 노후파산에 처하게 된다. 설령 저축해놓은 돈이 있다 해도 마찬가지다. 그 시기를 어느 정도 늦출 수는 있지만 노후파산을 피할 수는 없다.

원래 생활보호는 연금액이 생활보호 수준 이하일 경우 인정받는 권리다. 헌법 25조에는 "모든 국민은 건강하고 문화적인 최저한도의 생활을 영위할 권리를 갖는다"라고 명시되어 있으며(대한민국 헌법은 34조), 이 조문에 근거해 생활보호 제도가 보장되고 있다. 자치 단체에 따라 차이는 있지만, 독신자에게 지급되는 생활보호비는 월 130만 원 전후다. 수입이 이 금액을 밑돌 경우 차액을 생활보호비로 받을 권리가 있다. 또한 생활보호를 받으면 의료비나 돌봄 서비스 비용은 무상이 된다. 요컨대 안심하고 병원에 갈 수 있게 된다. 그러나 실제로 생활보호를 받고 있는 노령자의 비율은 10퍼센트 정도에 불과하며, 대부분은 생활보호에 의지하지 않고 연금 수입만으로 어렵게 살고 있다. '몸이 안 좋아도 참을 수 있을 때까지는 병원에는 가지 말고 참아 봐야지'라며 의료비까지 아끼는 사람도 적지 않다.

이렇듯 자신의 수입이나 예금만으로 근근이 생활하는 고령자는 의료나 돌봄 서비스 비용까지 절약해야 하는 상황인 반면에 일단 생활보호를 받으면 의료와 돌봄 서비스를 무상으로 받을 수 있는 것이 현재의 생활보호 제도다. 그러나 자신의 힘으로 살아보려고 애쓰는 사람이야말로 지원해줘야 할 대상이 아니겠느냐고 생각하는 복지 현장에는 제도의 사각지대를 바라보며 느끼는 '찜찜함'을 토로하는 사람이 적지 않다.

더 큰 모순은 자신의 집을 소유하고 있는 고령자의 경우 생활보호를 받기 어려운 현실이다. 죽어라 일해서 간신히 장만했던 추억 가득한 집을 팔아 생활비로 충당한 뒤가 아니면 원칙적으로 생활보장을 받을 수 없다. 만약 집을 포기하고 싶지 않다면 연금의 범위 안에서 살아가는 수밖에 없다. 가령 남편이 세상을 떠난 뒤에 넓은 집을 유산으로 물려받아 홀로 살아온 아내의 연금액이 100여만 원이라면 어떻게 될까? 건강한 동안에는 유유자적 살 수 있을 것이다. 그러나 암 같은 큰 병에 걸린다면? (현재 60대 고령자의 의료비 부담액은 현역 세대와 마찬가지로 30퍼센트다. 75세 미만은 단계적으로 감소해 20퍼센트 부담이 되며, 병에 걸리기 쉬운 75세 이상의 고령자는 원칙적으로 '10퍼센트'를 부담하게 되어 있지만 수입에 따라 부담액이 증가한다) 연금 생활을 하더라도 광열비와 공공요금, 돌봄 서비스 보험비 등은 내야 하므로 그 돈을 치르고 남은 돈으로 의료비를 해결해야 한다. 게다가 치료가 장기화되거나 만성 질병일 경우는 장기간 의료비를 지출해야 한다. 결국 집을 팔고 임대주택에 살게 되는데, 집세를 내면서 의료비 등을 지출하다 보면 집을 팔고 받았던 돈도 언젠가는 바닥이 드러나고 만다. 이렇게 해서 처음에는 생활에 여유가 있는 것처럼 보였던 고령자도 노후파산을 피하지 못하는 사례가 줄을 잇고 있다.

이렇게 노후파산이 확대되는 현실을 알린 NHK 스페셜 「'노후파산'의 현실」은 2014년 9월에 방송되어 커다란 반향을 불러일으켰다. 특히 40대에서 50대, 즉 앞으로 노후를 맞이할 사람들의 반향이 컸다.

"비정규직으로 일하고 있는 저는 연금 미납자입니다. 결혼도

하지 못한 제게 찾아올 미래는 노후파산뿐입니다. 솔직히 오래 살고 싶지 않습니다."(40대 남성)

"전업주부로 있으면서 시부모님을 돌보고 있어요. 하지만 제게는 저를 돌봐줄 아이가 없답니다. 노인 복지 시설에 들어갈 돈도 모아놓지 못했는데, 결국 집에서 외롭게 죽는 수밖에 없는 걸까요?"(50대 여성)

"노후파산의 위기에 놓인 아버지를 모시고 있는 저도 직업이 없습니다. 치매가 있는 아버지의 연금 80만 원으로 둘이서 살고 있습니다. 미래에 대한 희망 따위는 가질 여력도 없습니다."(50대 남성)

사회보장비를 억제해나간다는 정부의 방침 아래 연금액은 줄어들고 의료비와 돌봄 서비스 비용의 부담은 늘어나고 있다. 노후의 삶은 앞으로 더더욱 힘들어질 것으로 전망된다. 이런 상황 속에서 부모를 돌보는 처지인 동시에 자신의 노후도 코앞으로 닥친 중·노년에게 노후파산은 남의 일로 치부할 수 없는 문제로 받아들여졌으리라.

고령자들의 반응은 방송에 등장한 인물에게 자신의 인생을 투영한 것이 많았다.

"연금 40만 원으로는 살아갈 수가 없어서 생활보호를 받고 있습니다. 인생의 낙도 없고, 매일 죽을 날만 기다리며 삽니다."(80

"매달 연금으로 160만 원을 받고 있지만, 나가는 돈은 160만 원이 넘습니다. 그렇다고 사치를 부리면서 사는 것도 아닙니다. 방송에서는 의료비와 돌봄 서비스 비용을 절약하면서 산다는데, 저는 그 돈을 아끼면 죽는 수밖에 없습니다."(70대 남성)

우리 취재 스태프들 사이에서 수없이 논의된 것이 노후파산에 몰린 고령자들이 이구동성으로 꺼낸 "죽고 싶다"는 말이었다. 같은 처지에 놓인 시청자들의 반응에서도 이 말이 많이 나왔다.

"열심히 일하면 유유자적한 노후가 기다리고 있어야 하는 게 아니었소?" 이렇게 화를 내던 사람도 있었다.

"혼자서는 죽지도 못한다오"라며 눈물을 흘리는 고령자도 있었다.

방송의 포스터에는 '장수라는 악몽'이라는 홍보 문구가 있었다. 이것을 보고 있으니 "죽고 싶다"고 중얼거리던 고령자들의 얼굴이 스쳐지나갔다. 그들은 하루하루 노후파산에 몰리는 생지옥 속에서 살면서 '장수라는 악몽'을 저주하지 않았을까?

지금, 다가올 노후에 막연한 불안감을 느끼고 있는 사람이 적지 않다. 그러나 당장 자신의 부모나 가까운 사람이 노후파산에 처할 수도 있다는 생각을 해본 적이 있을까? 노후파산은 강 건너 불이 아니다. 바로 우리 곁에서 일어나고 있는 일상이다.

1장

무엇이
도시 노인들을
파산으로
내모는가?

"솔직히 말하면, 빨리 죽고 싶습니다.
죽어버리면 돈 걱정을 할 필요도 없지 않습니까?
지금 이렇게 살아 있는 것도
누굴 위해서 살고 있는 건지 솔직히 모르겠습니다."

연금만으로는
살아갈 수 없다

▼
▼
▼
▼

롯폰기나 오코테산도 등 세련된 젊은이들로 붐비는 번화가가 위치한 도쿄 미나토 구. 독거 고령자가 급증하는 도시 중에서도 특히 홀로 사는 고령자의 고립이 심각하다며 자치단체가 대책을 강구하고 있는 지역이다.

2014년 8월 초순, 우리는 조용한 고급 주택가의 한구석에 있는 연립주택을 찾아갔다. 고급 외제차가 즐비한 저택과 길 하나를 사이에 두고 50년 된 낡은 목조 연립주택이 서 있다. 그 연립주택에서 홀로 생활하고 있는 남성을 취재하기 위해 우리는 1층

복도에서 제일 앞쪽의 방을 찾아갔다. 남성은 문을 열고 우리를 기다리고 있었다.

"안녕하세요. 잘 부탁드립니다."

현관 앞에서 인사를 건네자 남성은 우리를 집으로 들어오게 했다.

"집이 많이 지저분하죠? 거 참 창피하네요……."

너글너글하게 웃으며 취재에 응해준 그 남성은 83세를 맞이하는 다시로 다카시(田代孝) 씨였다. 현관을 들어서자 1평 반 정도의 작은 부엌이 있고, 그 안에 3평 넓이의 방이 있었다. 합쳐도 5평이 안 되는 좁은 집인데, 청소를 하지 않은 탓인지 쓰레기가 여기저기 널브러져 있고 이불도 깔려 있는 채였다. 다시로 씨는 어질러진 물건들을 안쪽 방으로 밀어 넣고 부엌에 앉았다.

"방이 지저분한데, 미안하지만 여기에서 이야기를 하면 안 될까요?"

우리도 부엌에 앉았다. 시선이 낮아지자 방의 모습이 잘 보였다. 현관에는 세탁물인지 지저분한 옷이 산처럼 쌓여 있었고, 부엌의 개수대에는 식사를 만들 때 사용한 냄비와 프라이팬이 씻지 않은 채 방치되어 있었다. 집 안으로 눈을 돌리니 개키지 않은 이불 위에 물건들이 널브러져 있었다.

"이 나이가 되면 말이지요, 지저분할 걸 알면서도 귀찮아서 치울 마음도 생기지 않고 또 그럴 체력도 없답니다."

다시로 씨는 처음 만난 우리에게 부끄럽다는 듯이 말했다.

"연금만으로는 안심하고 노후를 살아갈 수 없다는 고령자가 늘고 있습니다. 돌봐줄 가족도 없이 홀로 힘들게 사는 분이 늘고 있다고 들었습니다. 오늘은 그 실태를 취재하고자 찾아왔습니다."

다시로 씨는 우리의 설명을 들으면서 "음, 음" 하고 계속 고개를 끄덕였다. 머릿속으로 자신의 노후를 되돌아보는 듯했다.

"실제로 그런 사람이 많을 겁니다. **나도 내 딴에는 성실하게 일하며 살아왔는데, 설마 이런 신세가 되리라고는 생각도 못했지요.**"

더부룩한 백발에 마른 체격의 다시로 씨는 등도 꼿꼿하고 걸음걸이도 빨라서 언뜻 80세를 넘겼다고는 생각되지 않을 만큼 젊어 보였다. 멋 내기를 좋아하는지, 녹색 후드집업에 청바지가 참으로 잘 어울렸다. 그러나 이야기를 듣는 사이에 '마른 체격'은 식사를 제대로 하지 못했기 때문임을 알고 놀랐다. 두 달에 한 번 찾아오는 연금 지급일이 다가올 때쯤 되면 항상 음식을 살 돈도 없을 만큼 힘든 생활을 하고 있다는 것이었다.

"다음 연금을 받으려면 아직 며칠을 더 기다려야 하지요. 지금은 거의 돈이 다 떨어져서 미리 사놓았던 냉국수를 조금씩 먹고 있습니다.”

이렇게 말하면서 우리에게 두 다발에 1000원짜리 냉국수 소면을 보여줬다.

다시로 씨가 받고 있는 연금은 최고 금액인 65만 원의 국민연금과 회사원으로 일하던 시절에 기업에서 적립한 후생연금을 합쳐서 월 100만 원 정도다. 독거 고령자의 절반 정도는 연금 수입이 월 100만 원에도 미치지 못한다는 사실을 생각하면 연금 수입이 그렇게 적은 편은 아닌 셈이다. 그래서 우리는 좀 더 집세가 싼 곳으로 이사하면 생활이 나아지지 않겠느냐고 다시로 씨에게 물었다. 그러자 이런 대답이 돌아왔다.

“매달 생활비에 쪼들리는데 이사할 돈이 있을 리가 없지 않습니까?”

한 달 수입 100만 원 가운데 집세로 60만 원을 내면 40만 원이 남는데, 여기에서 광열비 등의 공공요금과 보험료 따위를 내고 나면 결국 수중에 남는 돈은 20만 원뿐이다. 다시로 씨는 한 달에 20만 원 정도의 생활비를 가지고 식비도 아낄 수 있는 데까지 아끼면서 힘들게 살아왔다. 이렇게 생활에 여유가 없는데 저금해놓은 돈이 있을 리도 없다. 집세 부담이 크지만 집을 옮기고 싶어도 이사 비용조차 없어 꼼짝할 수 없는 상태인 것이다. 어떻게 해보고 싶어도 어찌할 방법이 없는 가혹한 현실과 마주

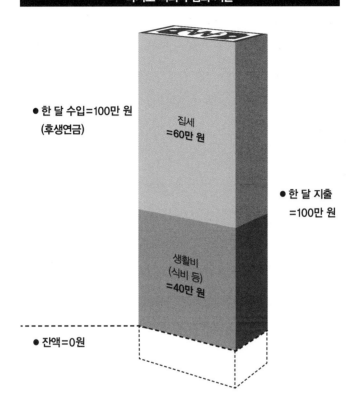

다시로 씨의 수입과 지출

● 한 달 수입=100만 원
(후생연금)

집세
=60만 원

● 한 달 지출
=100만 원

생활비
(식비 등)
=40만 원

● 잔액=0원

하며 사는 다시로 씨에게 이사를 하면 생활이 나아지지 않겠느
냐는 것은 잔인한 질문이었는지도 모른다. 우리는 상대의 처지
를 생각하지 않고 안일하게 질문을 던진 것을 후회했지만, 다시
로 씨는 개의치 않고 취재에 응했다.

일에 쫓기며 살아온 다시로 씨는 결혼을 하지 않았기 때문에 의지할 가족이 없었다. 양친은 이미 세상을 떠났고, 형과 동생은 벌써 몇 년째 연락 한 번 하지 않아 소원해진 상태였다.

"이렇게 힘들 때만 연락해서 도와달라고 매달릴 수는 없지 않습니까?"

다시로 씨는 홀로 빠듯한 연금에 의지하며 최선을 다해 살고 있었다. 연금 지급일이 다가올 때쯤이면 지갑에는 몇천 원밖에 남지 않게 된다. 그 마지막 돈으로 1000원 숍에서 냉국수를 사서 쟁여놓고 먹으며 지급일까지 버티는 것이 다시로 씨의 '생활의 지혜'였다.

하루하루
벼랑 끝으로 쫓기는 생활

▼
▼
▼
▼

　　다시로 씨가 평소에 아낄 수 있을 만큼 최대한 아 끼는 비용은 식비다. 항상 하루 5000원 이하의 식비로 생활한 다. 한번은 점심에 먹을 것을 사러 간다는 다시로 씨와 함께 근 처의 슈퍼마켓에 간 적이 있었는데, 그곳에서 우리 취재 스태프 가 이렇게 말했다.

　　"점심을 같이 드시지 않겠습니까? 저희가 사겠습니다."

　　그러자 평소에는 발길을 향하지 않는 도시락 코너에 멈춰 서 서 지그시 도시락들을 둘러보더니 고민 끝에 3000원짜리 연어

도시락을 골랐다. 그러면서 평소에는 주먹밥 하나로 점심을 때우거나 아예 굶을 때도 종종 있다는 이야기를 했다.

그런 다시로 씨에게 연금 지급일은 특별한 날이다. 연금이 입금된 것을 확인한 직후에만 자신에게 허락하는 사치가 있다. 근처에 있는 대학의 학생 식당에서 4000원짜리 점심 정식을 먹는 것이다.

"따뜻한 된장국에 채소 절임도 같이 나오지요. 그런 진수성찬을 4000원에 먹을 수 있다니, 정말 행복하답니다."

다시로 씨의 표정은 정말로 행복해 보였다.

그러나 아무리 절약하며 산다고 해도 식비를 '제로'로 만들 수는 없다. 식비를 줄일 수 있는 만큼 줄여도 부족한 생활비를 조금이라도 더 확보하기 위해 절약하는 것이 하나 더 있다. 바로 전기 요금이다. 다시로 씨가 가리킨 천장에는 불이 들어오지 않는 형광등이 있었다.

"몇 달 전이었던가……. 전기 요금을 연체해서 전기가 끊겼습니다. 마침 생활비도 절약하고 싶었기 때문에 그날 이후로 전기를 쓰지 않고 있지요."

혼자 살 경우 한 달에 적어도 5만 원은 전기 요금으로 나가게 된다. 다시로 씨는 그 지출도 절약함으로써 적자를 방지하기로 한 것이다. 노후파산 직전이라고 할 수 있는 상황이었다.

여러분은 전기가 없는 생활을 상상할 수 있는가? 오늘날 전기는 우리의 생활에 없어서는 안 될 존재다. 그러나 다시로 씨는 전기를 일체 쓰지 않고 생활한다. 어느 날 빨래를 하겠다며 일어선 다시로 씨가 향한 곳은 부엌의 개수대였다. 세탁기를 쓸 수가 없기 때문에 전부 손빨래를 해야 한다. 게다가 세탁용 세제가 다 떨어져서 식기 세제로 빨래를 했다. 식기를 닦을 때 쓰는 플라스틱 대야에 옷가지를 넣고 액체 식기 세제를 뿌린 다음 그 위에 물을 기세 좋게 부었다.

싹싹싹싹.

에어컨을 쓸 수 없어 찌는 듯이 더운 방에 조금이라도 바깥바람이 더 들어오도록 문을 활짝 열어놓은 채 다시로 씨는 묵묵히 손빨래를 했다. 밖에서는 매미가 "맴맴" 하고 우는 소리가 시끄럽게 들렸다.

싹싹싹싹.

"맴~맴~."

싹싹싹싹.

"맴~맴~."

마치 1900년대 초중반으로 시간 여행을 온 것 같은 광경이었다. 매미의 대합창을 들으면서 손빨래를 하는 다시로 씨의 뒷모습을 바라보고 있노라니 '이것이 지금 일어나고 있는 현실이란 말인가?'라는 생각이 들지 않을 수가 없었다.

　우리는 절약을 위해 전기도 쓰지 않고 식비도 최대한 아껴 보지만 그럼에도 파산 직전의 상황에 몰린 고령자들이 지원의 손길이 닿지 않는 가운데 꾹 참고 살아가는 모습을 목격하고 있었다. 그 뒷모습을 보면서 우리 자신의 노후에 불안감을 느끼지 않을 수 없었다.

　싹싹싹싹.

　"맴~맴~."

　싹싹싹싹.

　"맴~맴~맴~."

　빨래는 계속되고, 매미도 합창을 멈추지 않는다. 도쿄에서도 굴지의 고급 주택가 한구석에 살고 있는 어느 고령자의 현실이었다.

　전기를 쓰지 못하는 다시로 씨에게 가장 괴로운 일은 텔레비전을 볼 수 없다는 것이었다. 이야기 상대가 없는 고령자에게 텔레비전만큼 의지가 되는 존재는 없다. 그런 다시로 씨의 유일한 즐거움은 라디오를 듣는 것이었다. 다시로 씨가 애용하는 것은 수십 년 전에 샀다는 휴대용 라디오였다. 외롭고 할 일이 없어지면 다시로 씨는 라디오를 켰다. 다시로 씨의 방은 밤이 되면 캄캄한 암흑으로 뒤덮인다. 책을 읽을 수조차 없다. 그런 상황에서 건전지로 들을 수 있는 라디오는 없어서는 안 될 존재였다.

"회사에서 일하던 시절의 습성이 남아 있는지, 특히 뉴스 듣는 걸 좋아합니다. 지금 세상에서 무슨 일이 일어나고 있는지 알지 못하면 왠지 불안하단 말이지요."

캄캄한 어둠 속, 이불 위에 큰대자로 누워 있는 다시로 씨의 곁에서 라디오가 경제 뉴스를 전했다.

"제조업은 과거에 일본의 고도 경제 성장을 뒷받침했지만 현재는 제조 거점의 해외 이전과 외국에서 수입되는 제품에 밀려 쇠퇴하고 있으며, 이에 따라 제조업에 종사하는 인구도 점점 줄어들고……."

어둠 때문에 라디오가 전하는 현재 일본의 소식을 다시로 씨가 어떤 심정으로 듣고 있는지 그 표정을 확인할 수는 없었다. 라디오에서는 그 뒤에도 뉴스가 계속 흘러나왔다.

필사적으로 일해왔어도
'보답 받지 못하는 노후'

▼
▼
▼
▽

다시로 씨는 고등학교를 졸업하고 맥주 회사에 취직했다. 대학에 진학하고 싶었지만 집에 경제적 여유가 없었기 때문에 단념했다. 일찍 남편을 잃고 집안일과 일을 병행하며 세 아들을 키운 어머니에게 대학에 가고 싶다는 말조차 할 수가 없었다.

맥주 회사에 취직한 이유는 회사가 긴자에 있어서 '폼이 난다'고 생각한 것도 있었다. 회사가 경영하는 맥주홀에서 웨이터로 일하기도 하고 경리 일도 하면서 쉬지 않고 12년을 묵묵히 일했다. 다시로 씨가 받고 있는 후생연금은 회사원 시절에 부었던 것이다.

"이게 현역 시절에 입었던 옷입니다."

다시로 씨는 옷걸이에 걸어놓았던 양복을 보여줬다. 상당히 오래전에 산 것이겠지만, 소중히 보관해서인지 전혀 낡아 보이지 않았다.

"양복을 입을 기회가 있습니까?"

문득 궁금해져서 물어봤다. 그러자 그 자리에서 양복을 입어 보였다.

"양복만큼은 왠지 버릴 수가 없어서……. 서랍 속에도 몇 벌이 더 있습니다."

위아래로 양복을 입은 다시로 씨는 등을 곧게 펴고 조금은 자랑스러운 표정이 되었다. 매일 출퇴근하는 회사원이었던 시절의 모습을 떠올리게 했다. 지금도 지역 행사 등이 있으면 양복을 입고 정장 차림으로 간다고 한다. 우리는 다시로 씨가 양복을 입고 외출할 기회가 있다는 데 조금은 놀랐고, 그 이상으로 기쁨을 느꼈다. 노후파산의 위기 속에서도 다시로 씨가 자부심을 잃지 않고 살고 있음을 실감한 순간이었다.

다시로 씨가 회사를 그만둔 이유는 '내 손으로 맥주홀을 경영하고 싶다'는 꿈이 커졌기 때문이었다. 그래서 40세를 넘기자 독립하기로 결심했다. 회사를 그만두고 저금과 퇴직금, 그리고 대출 받은 돈으로 작은 술집을 차렸다. 처음에는 장사가 순조로웠지만, 경기가 나빠짐에 따라 경영이 악화되어 적자가 계속되었다. 그리고 10년이 지났을 무렵에 결국 도산하고 말았다. 당시의 사건에 관해서는 그리 떠올리고 싶지 않은지 많은 것을 이야기하려 하지 않았다.

"일 때문에 바빠서 결혼도 못했지요."

그 무렵의 이야기를 할 때 다시로 씨의 얼굴에는 항상 쓸쓸한 표정이 떠올랐다. '꿈은 이루어진다'고 믿고 아침부터 밤까지 계속 일하던 시절, 다시로 씨는 일 이외에는 아무런 생각도 하지 않았다고 한다.

"이건 제가 그린 겁니다."

다시로 씨는 그림을 그리는 것만이 당시의 유일한 여가 생활이었다고 말하면서 그림들을 보여줬다. 고흐나 피카소 등의 명화를 모사한 것을 비롯해 여행지에서 그린 풍경화, 인물화 등 100장은 족히 넘을 만큼 많은 그림을 소중하게 보관하고 있었다. 색의 사용이나 붓의 터치 등 초보자가 봐도 감탄스러운 작품들이었다. 의외의 재능이 있다는 사실에 신선한 충격을 받으면서 그림들을 보다가 문득 한 장의 그림에 시선이 멈췄다.

"이건 누구인가요?"

검은 양복을 입고 수염을 기른 초로의 남성을 그린 그림이었다. 체격도 훌륭하고 당당한 신사가 그려져 있었다.

"그건 바로 접니다. 나이를 먹으면 이런 모습이 되지 않을까 생각하면서 그렸지요."

다시로 씨가 현역 시절에 '노후의 자신'을 상상하며 그린 자화상이었다. 음식점을 경영하는 사장이 된 자신을 떠올렸다고 한다.

"젊었을 때는 자신의 노후 같은 건 생각을 안 하지 않습니까? 매일이 바쁘고 매일이 즐겁지요. 그래도 열심히 일해왔는데 설마 이런 노후를 맞이할 줄은 생각도 못했습니다."

매일이 바쁘고 매일이 즐겁다. 현역 시절의 다시로 씨는 일하는 것을 좋아했다고 한다. 그 무렵의 사진을 보여줄 수 있겠느냐고 부탁하자 작고 둥근 배지를 내밀었다. 그것은 자신의 사진을 넣어서 만든 배지였다. 친구와 함께 간 여행지에서 만들었다고 한다.

"하코네였던가, 구사쓰였던가, 친구와 놀러 갔을 때 만든 겁니다."

전철을 타고 여행하는 것이 커다란 즐거움이었던 다시로 씨는 바쁜 와중에도 짬이 나면 친구와 함께 여행을 즐겼다. 작은 배지 속의 다시로 씨는 부드럽게 웃고 있었다. 그 **온화한 웃음을 보니 지극히 평범한 삶을 살던 사람도 노후파산에 처한다는 이 가혹한 현실에 몸서리가 났다.**

생활보호를
받을 수 없다?

▼
　▼
　　▼

　　　연금액이 적고 달리 예·저금이나 재산도 없어 생활이 어려운 사람은 '생활권'을 보장하는 헌법 25조에 의거해 생활보호를 받을 수 있다. 그러나 다시로 씨도 다른 많은 저연금 고령자와 마찬가지로 생활보호를 받지 않았다. 왜 지원을 받으려 하지 않는 것일까? 우리는 여기에 제도의 '벽'이 있음을 알게 되었다.

　　　"다시로 씨, 생활보호를 받을 권리가 있는데 왜 받지 않으십니까?"

"그게, 저는 연금을 받고 있는데 어떻게 생활보호를 받습니까?"

다시로 씨는 연금을 100만 원이나 받고 있으니 이 이상 생활보호를 받을 수는 없다고 믿고 있었다. 자신에게 '생활보호를 받을 권리가 있음'을 몰랐기 때문에 자치 단체에 상담조차 구하지 않았다.

다시로 씨뿐만 아니라 연금을 받고 있는 고령자들은 생활보호 제도를 오해하고 있는 경우가 많다. 여기에 만일을 위해 수백만 원의 예금은 남겨 둬야겠다고 생각했는데 그 예금 때문에 생활보호를 '받을 수 없다'는 이야기를 종종 듣는다.

한편 월 100만 원 정도의 연금 수입이 있으니 생활보호를 받을 수 없다고 생각했던 사람이 임대주택의 임대료를 감안하면 '생활보호를 받을 수 있음'을 알고 놀랐다는 사례도 가끔 본다. 다시로 씨도 '연금이 있는 사람은 생활보호를 받을 수 없다'고 믿어온 사람 중 한 명이었다.

홀로 사는 세대의 수입을 분석한 결과, 연수입 1200만 원 미만(생활보호 수준 이하)인데도 불구하고 생활보호를 받고 있지 않은 사람은 대략 200여만 명에 이르렀다. 물론 그들 중에는 예금이나 주식 등의 재산이 있어서 생활보호를 받을 필요가 없는 사람도 드물지만 있을 것이다.

그러나 '어느 정도 수입이 있으면 생활보호를 받을 수 있는가?' 같은 명확하고 알기 쉬운 기준이 제시되어 있지 않은 탓에 '내가 생활보호를 받을 권리가 있는가?'조차 알지 못한 채 힘든 생활을 감내하고 있는 고령자가 많다.

정보를 정확히 전달받지 못한 고령자들에게 적극적으로 정보를 알리기 위해서는 자치 단체가 독자적으로 방문원을 두고 방문 활동을 펼치는 등의 대책이 필요하다. 그러나 재정적으로 여력이 없는 자치 단체의 사정도 겹쳐 대책이 미흡한 것이 현실이다. 이런 현실은 독거 고령자의 급증, 연금 지급액의 감액, 의료와 돌봄 서비스에 들어가는 부담의 증가 등이 가속화되는 가운데 '수입 감소'와 '부담 증가'가 더욱 심각해질 확률이 높다.

어떻게 하면 노후파산의 위기에 직면한 고령자들을 구할 수 있을까? 우리 앞에는 넘어서기 어려운 벽이 가로막고 있다.

독거 고령자의
실태를 파악하다

▼
▼
▼
▼

홀로 사는 고령자가 급격히 증가하면서 고독사가 다발하는 등 심각한 사태로 확대되자 도쿄 미나토 구에서는 대규모 설문 조사를 실시했다. 65세 이상의 홀로 사는 고령자 약 6000명을 대상으로 실시한 조사로, 전원에게 설문 용지를 배포했다. 그리고 회답한 약 4000명을 대상으로 좀 더 상세한 방문 조사도 실시했다. 자치 단체가 '홀로 사는 고령자'를 대상으로 경제 상황 등의 실태를 파악하려고 시도한 사례는 전국적으로도 많지 않다. 설문 조사 결과에 대해 메이지 학원 대학의 가와이 가쓰요시(河合克義) 교수 등은 흥미로운 분석을 내놓았다.

부유층이 많이 산다는 인상이 있는 미나토 구에도 연수입이 생활보호 수준 이하(1500만 원 이하)인 독거 고령자는 30퍼센트가 넘었다(2011년 조사). 그리고 이들 가운데 생활보호를 받고 있는 사람은 약 20퍼센트 정도였다. 요컨대 생활보호 수준 이하의 수입밖에 없는 독거 고령자 가운데 80퍼센트 이상은 지원을 받지 못하고 있음이 밝혀진 것이다.

설문 조사 결과에서 위기감을 느낀 미나토 구는 지금 대책을 세우고 있다. 2011년부터 '이심전심 상담' 사업을 시작해 홀로 사는 고령자에 대한 방문 활동을 철저히 하고 있다. 전문 상담원이 홀로 사는 고령자를 찾아가 경제적인 불안은 없는지, 생활이 불편하거나 부자유하지는 않은지 상세히 묻고 필요하면 생활보호나 방문 돌봄 등의 공적 서비스와 연결하고 있다.

다시로 씨와도 '이심전심 상담'의 방문 활동에 동행 취재를 한 것을 계기로 만났다. 상담원은 다시로 씨가 노후파산 직전의 상태에 놓였음을 알자 생활보호를 받을 수 있음을 설명하고 자신이 복지 사무소에 문의해 신청 등 필요한 절차를 도와주겠다고 거듭 말했다. 복지 서비스의 이용을 꺼리는 경향이 있는 고령자를 복지 서비스와 연결시키기 위한 중요한 열쇠는 바로 이런 '중개' 역할을 하는 사람이 쥐고 있다.

다시로 씨를 담당했던 미나토 구의 상담원 마쓰다 아야코(松田綾子) 씨는 사회복지사 자격을 가진 사근사근한 여성이었다.

"혼자서 방문했다가 험한 꼴을 당한 적도 있습니까?"

마쓰다 씨는 웃음을 잃지 않으면서 "당연히 고생도 하죠"라고 대답하며 경험담을 이야기해줬다.

"현관 앞에서 다짜고짜 '돌아가!'라고 호통을 치는 일도 드물지 않답니다. 뭐, 이젠 익숙해졌지만요."

미나토 구의 경우, 지원 대상이 되는 독거 고령자가 6000명인데 비해 상담원의 수는 11명에 불과하다. 모두를 방문하기는 어렵기 때문에 경제적으로 궁핍한 세대 등 200세대로 대상을 좁혀서 반복적으로 방문 활동을 실시하고 있다. 첫 번째 방문에서는 문전박대를 당하는 경우도 일상다반사이고, 계속 찾아가지 않으면 정말로 생활에 어려움을 겪고 있어도 말해주지 않는다고 한다.

"수입이나 경제 상황 같은 문제에 대해서는 좀처럼 솔직하게 알려주지 않는답니다. 1년 가까이 신뢰 관계를 쌓아야 비로소 '사실은 돈이 쪼들려서……'라는 말을 들을 수 있는 경우도 적지 않지요."

생면부지의 남에게 자신의 수입이 적다는 사실을 알리거나 생활이 어려움을 밝히는 데는 확실히 저항감을 느낄 수밖에 없다. 그러나 그것을 밝히지 않으면 지원으로 연결할 수가 없다. 상담원의 고충과 중요성을 새삼 느끼게 한 대화였다.

"사실은 걱정되는 분이 한 분 더 계세요."

마쓰다 씨가 우리에게 말을 꺼냈다. 그래서 그 고령자를 방문할 때 취재 스태프도 동행했다. 지어진 지 50년 정도 된 2층 연립주택의 녹슨 철제 계단을 올라 2층으로 간 마쓰다 씨는 초인종이 없는 문을 똑똑 두드리면서 익숙한 말투로 말했다.

"미나토 구에서 왔습니다. 이심전심 상담원이에요."

그러자 집안에서 "네"라고 대답하는 목소리가 들리더니, 잠시후 문이 열렸다. 그리고 백발의 기품 있는 여성이 얼굴을 내밀었다. 취재 차 동행했다고 전하자 익명을 조건으로 상담을 허락했다.

80세의 기무라 사치에(木村幸江, 가명) 씨다. 문 앞에서 집 안을 들여다보니 1.5평 정도의 부엌이 있고 그 안쪽으로 3평 정도의 다다미방이 있는 구조였다. 기무라 씨는 국민연금만을 받고 있기 때문에 수입이 매달 60만 원을 조금 넘기는 정도였는데, 연립주택의 집세를 내면 수중에 돈이 한 푼도 남지 않았다. 70대까지는 가정부 등으로 일해서 생활비를 마련했지만, 몸이 움직이지 않게 된 지금은 일을 할 수도 없다고 한다.

"생활보호를 받으시면 어떻겠어요?"

마쓰다 씨가 몇 번을 권해도 기무라 씨는 "무리예요"라고 말했다. 사실은 과거에 생활보호를 받으려고 자치 단체의 창구에 가서 상담을 한 적이 있었는데, 그때 예금이 수백 만 원 정도 있다고 하니 "예금이 없어지면 그때 다시 오십시오"라며 돌려보냈다고 한다.

'정말 예금이 없어지면 생활보호를 받을 수 있는 걸까? 혹시 받지 못한다면 굶어 죽는 게 아닐까?'

기무라 씨는 예금이 다 떨어져 수중에 돈이 한 푼도 없는데 생활보호를 받지 못하면 어떡하나 하는 불안감을 안고 있었다. 그래서 예금을 가급적 헐지 않고 식비 등을 아끼며 살고 있었다. 그러나 아무리 절약해도 예금은 점점 줄어들었기에 불안감이 커졌다.

마쓰다 씨는 기무라 씨가 제도를 정확히 이해할 수 있도록 설명을 거듭했다.

"예금이 일정 금액까지 줄어들면 생활보호를 받을 수 있어요. 걱정 말고 바로 연락해주세요."

기무라 씨는 "정말 예금이 다 없어져도 도움을 받을 수 있는 거지요?"라며 확인하고 또 확인했다.

수입이 적고 예금도 없어지면 내일의 생활에 불안을 느끼는 것은 지극히 당연한 일이다. 그런데 자치 단체의 창구에서 "예금이 있으면 생활보호를 받을 수 없습니다. 예금이 없어지면 그때 찾아오세요"라는 설명만 듣는다면 불안감을 떨쳐내지 못하는 것도 무리가 아닐 것이다.

'예금이 있으면 생활보호를 받을 수 없다.'

생활보호의 재원이 세금임을 생각하면 이 원칙은 충분히 이해할 수 있다. 그러나 이런 '규정'이 한편으로는 고령자를 궁지에 몰아넣는 결과로 이어지고 있었다. 기무라 씨는 수없이 이렇게 호소했다.

"사는 게 괴롭습니다."

마쓰다 씨는 대꾸할 말을 찾지 못하는 모습이었다.

"왜 그렇게 괴롭다고 느끼십니까?"

이 질문에 기무라 씨는 쥐어짜는 듯한 목소리로 조용히 대답했다.

"관청에서는 예금이 없어지면 다시 오라고 했지만, 만약 어떤 사정이 있어서 생활보호를 받을 수 없게 된다면 그때 저는 죽는 수밖에 없습니다. 예금을 다 써버리면 된다고 쉽게 말하지만, 예금이 조금씩 줄어드는 건 정말 무서운 일이에요. 항상 무엇인가에 쫓기는 기분이 들어서 밤에도 잠을 이룰 수가 없답니다."

예금도 조금밖에 없는, 이른바 노후파산 직전의 상황에 있는 고령자의 대부분은 생활보호를 받을 수 있느냐 없느냐의 아슬아슬한 선 위에서 정신적으로 몰려 있다. 그리고 그들에게 수없이 듣게 되는 말이 있다. "죽고 싶다"는 마음의 외침이다. 그런 말을 들을 때마다 격려도 위로도 하지 못하고 그저 듣고만 있을 수밖에 없는 무력함이 든다.

"제가 앓아누우면 누가 저를 돌봐주지요? 돌봄 서비스 보험을 쓸 수는 있지만, 그것도 돈이 있어야 하잖아요. 그래서 생활보호를 받을 수 없게 된다면 저는 이 방에서 비참하게 죽는 수밖에 없어요."

남편이 세상을 떠난 뒤 홀로 생활하고 있는 여성은 남편을 따라 죽고 싶다는 말을 수없이 했다.

'하다못해 내 장례비 정도는 남겨놓고 싶다.'

한 남성은 500만 원 정도 들어 있는 예금에 손을 대기 싫어 생활보호를 받지 않고 있는데, 떨어져서 사는 자녀에게 걱정을 끼치고 싶지 않아서 그런다고 말했다. 여유가 없는 생활을 하는 자녀에게 자신의 장례 문제로 부담을 지우고 싶지 않다며 예금을 남겨놓고 있는 남성. 그러나 지금의 제도는 그 얼마 안 되는 예금을 남겨놓는 것도 허락하지 않는다.

일해서 수입을 얻기가 어려운 고령자에게 예금은 최후의 보루다. 그 예금을 전부 다 써버리는 것이 얼마나 괴로운 일인지, 그에 대한 불안감을 호소하는 목소리를 수없이 들어왔다. 지금까지 열심히 일하며 사회의 토대를 지탱해온 고령자에게 얼마 안 되는 예금을 포기하라고 압박하고 '죽고 싶다'는 생각을 할 정도로 몰아붙이는 현실……. 노후파산의 확대를 멈추지 못한다면 사회의 윤리성조차 붕괴될지 모른다고 느끼게 된 취재였다.

병원에 갈
돈도 없다

▼
▼
▼
▼

　　노후파산 직전에 몰린 고령자 중에는 병에 걸려도
병원에 가는 것조차 꾹 참는 사람이 적지 않다. 미나토 구가 설
문 조사를 한 데는 이렇게 의료나 돌봄 서비스 등 공적 서비스
를 이용하지 않고 고립되어 있는 고령자를 '발견'하려는 목적도
있었다.

　　설문 조사와 사후 방문을 통해 "병원에 갈 수 없다"고 호소
하는 여성이 있었다. 실상을 자세히 취재하기 위해 오랫동안 홀
로 생활하고 있는 야마모토 사치(山本サチ, 가명) 씨를 소개받았다.

80대인 야마모토 씨는 매달 60만 원이 조금 넘는 국민연금 중에서 50만 원을 집세로 내고 나머지 10만 원으로 생활하고 있었다.

우리는 매달 10만 원으로 생활해왔다는 사실 자체에 먼저 깜짝 놀랐다. 그래서 왜 생활보호 등의 복지 제도를 이용하지 않는지 직접 만나서 이야기를 들어보기로 했다.

야마모토 씨를 찾아간 때는 섭씨 35도의 무더위가 계속되던 8월 중순이었다. 야마모토 씨는 목에 감은 타월을 풀며 "이 안에 얼음을 넣어서 목에 두르면 시원하지요"라고 가르쳐줬다. 에어컨으로 나가는 전기 요금을 절약하기 위한 지혜였다. 장을 볼 때는 남은 물건을 싸게 파는 저녁 이후를 노린다.

"고작 100원, 10원 할인도 제게는 매우 중요하답니다."

생활비를 극한까지 줄여도 10만 원으로 생활하기는 쉬운 일이 아니다. 그런 야마모토 씨는 병원에 갈 여유 따위는 있지도 않다고 말했다.

"사실 제가 심장에 지병이 있습니다. 의사에게 큰 병원에서 검사를 받아보는 편이 좋겠다는 말을 들었지만 아직 가지 않았지요. 검사를 받으면 나쁜 결과가 나올 것을 잘 알고 있는데, 치료를 받거나 입원이나 수술을 하면 돈이 들 테니까요. 그럴 돈은 없습니다."

야마모토 씨는 병원에 가는 것조차 '절약'하며 생활하고 있었다. 정말 병에 걸렸다면 방치했다가 큰 병으로 발전할 위험성도 있다. **노후파산이 확산되는 가운데 생명을 지키기 위한 의료조차 멀리하는 고령자가 나타난 것이다.**

야마모토 씨가 소개받은 병원도 가지 않은 것이 마음에 걸리기도 해서 우리는 그 후에도 몇 차례 그녀를 찾아갔다. 야마모토 씨는 처음에 현관 앞에서 대화하는 것만 허락했지만, 네 번째로 찾아갔을 때 드디어 우리를 집 안으로 초대했다. 집 안으로 들어가니 다다미가 깔린 거실에 어머니의 불단이 놓여 있었다. 향불을 올려도 되겠느냐고 물으니 "고맙습니다"라며 불단 앞을 비워줬다.

묵념을 하고 자리로 돌아갔더니 페트병에 담긴 차와 과자를 내놓았다. 10원이 아쉬운 생활을 하고 있는 야마모토 씨가 이렇게 신경을 써주는 것이 송구할 따름이었다. 그리고 절약을 위해 꺼놓았던 선풍기의 스위치를 켜고 방향을 이쪽으로 바꿔주었다. 마음속에 산들바람이 부는 것 같은 기분을 느꼈다. 방에는 화려한 옷과 차양이 넓은 모자 등 눈길을 끄는 디자인의 옷이 옷걸이에 걸려 있었다.

"예쁜 옷과 세련된 모자가 많은데, 이런 걸 좋아하시나요?"

이렇게 물어보니 자랑스러운 듯이 대답했다.

"옛날에 일하던 때 산 것을 소중히 보관하고 있답니다. 지금은 그런 걸 살 여유가 없지만요."

야마모토 씨는 1960~1970년대에 백화점의 신사복 매장에서 일했다. 아직 여성이 일할 기회가 적던 시절, 백화점은 여성들에게 동경의 직장이었다. 조금 화려한 디자인의 원피스에 챙이 넓은 모자를 쓰고 당당하게 걷는 젊은 날의 야마모토 씨는 시대의 첨단을 걷는 세련된 여성이었을 것이다.

"저는 할 말은 확실히 하는 성격이었어요. 그러다 보니 '뭐야, 여자가 건방지게!' 같은 말을 매일 같이 들었지요. 그래도 일하던 시절에는 참 즐거웠지요……."

지기 싫어하는 성격이었던 야마모토 씨는 남성 못지않은 일솜씨를 보였고, 매일 밤늦게까지 일했다. 그리고 쉬는 날이 되면 잔뜩 멋을 내고 쇼핑을 하거나 재즈를 들으러 가는 것이 즐거움이었다고 한다.

"걸으면서 거리 구경하기를 좋아했지요. 하이힐을 신고 1시간 정도는 아무렇지도 않게 걸었답니다."

일을 하는 자신이 자랑스러웠던 야마모토 씨는 어머니와 둘이 살면서 홀로 가계를 책임졌다. 일에도 사생활에도 불만은 없었지만, 결혼도 하지 않고 바쁘게 살다 보니 어느덧 혼자 살게 되었다고 한다.

"그때는 지금처럼 살게 되리라고는 전혀 상상하지 못했지요. 열심히 일해왔는데 왜 이런 고생을 하고 있는 걸까요……."

힘없이 중얼거리는 야마모토 씨의 쓸쓸한 표정이 지금도 잊히지 않는다.

"지금까지 내 인생은
뭐였나……"

▼
▼
▼
▼

야마모토 씨는 57세 정년까지 백화점의 신사복 매장에서 일했음에도 어째서인지 후생연금을 받고 있지 않다. 당시 기업에서는 퇴직할 때 후생연금을 '일시불'로 받을 수가 있었기 때문이다. 이 '후생연금 탈퇴 수당금 제도'를 제대로 이해하지 못한 채로 이용하는 바람에 후생연금을 받지 못하게 된 사람이 적지 않다.

"옛날에는 퇴직할 때 그때까지 부었던 후생연금을 한꺼번에 받을 수도 있었어요. 하지만 그 시절에야 연금이 이렇게 소중한 것인 줄 알 리가 없으니 일시불로 받았지요. 그래서 지금 후생연금을 받지 못하는 거예요."

후생연금을 일시불로 받았더라도 당시의 물가를 생각하면 그리 많은 금액은 아니었을 것이다. 지금 돌아보면 일괄 수취를 하는 바람에 큰 손해를 본 셈인데, 그것도 생활이 어려워졌을 때 비로소 깨달았다고 한다.

야마모토 씨는 그 결과 국민연금밖에 수입이 없다. 그러나 그 수입만으로는 부족하기 때문에 일하던 시절에 조금씩 저축했던 예금을 헐면서 살고 있다. 그리고 그 예금이 줄어드는 것을 조금이라도 막고자 병원에 가는 것조차 참을 수밖에 없는 현실에 놓여 있다.

"오랫동안 정말 열심히 일해왔는데 이렇게 살고 있다니, 지금까지 내 인생은 뭐였나 하는 생각이 들어서 허무해집니다."

홀로 생활하고 있는 야마모토 씨에게는 멀리 떨어져서 사는 형제가 있는데, 이들은 야마모토 씨를 걱정해 전화로 안부를 확인하고 때로는 놀러 오기도 한다. 그러나 야마모토 씨는 금전적인 측면에서 형제에게 기대려 하지 않고 있다.

'소중한 가족이기에 더더욱 돈 문제로 폐를 끼치고 싶지 않다. 그럴 바에는 설령 생활이 어려워도, 병원에 가지 못해도 꾹 참는 게 낫다.'

이렇게 결심한 것도 같다. 독자 중에는 '가족한테 기대거나 주위 사람들에게 도움을 청하면 좀 더 편하게 살 수 있을 텐데……'라고 생각하는 사람도 있을지 모른다. 그러나 자신이 고령자가 되었을 때 정말로 그렇게 할 수 있을까?

실제로 '폐를 끼칠 바에는 죽는 게 낫다'고 생각하는 고령자가 적지 않다. 이것은 현역 시절에 열심히 일해 당당히 살아남았다는 자부심일지도 모르고, 젊은 세대에게 짐을 지우는 것에 대한 미안함인지도 모른다. 어느 쪽이든, 주위에 도움을 구하지 않는 고령자를 "당신이 도움을 청하지 않았으니 힘들어도 자업자득이오"라며 매몰차게 외면하기 전에 그들에게 이런 심리가 있음을 생각해야 할 것이다.

아직은 건강한 고령자도 언젠가 누군가의 도움이 필요해질지 모른다. 지금의 현역 세대도 나이를 먹으면 누구나 고령자가 된다. 그리고 노후를 맞이했을 때 비로소(아마도 모두가) '주위에 기대지 않고 살고 싶다' '폐를 끼치고 싶지 않다'고 생각하게 될 것이다.

취재를 마치고 돌아가려는데, 야마모토 씨가 봉투에서 새 손수건을 꺼내더니 얼음을 채워서 내게 건넸다.

"이렇게 더운데 고생이 많네요. 밖은 더우니 이걸 목에 두르고 가세요."

그 상냥함이 고마우면서도 한편으로 죄송스러웠다. 그리고 돌아오는데, 목에 두르기 아까워 손에 들고 있던 손수건에서 얼음의 냉기가 전해졌다. 그 얼음을 쥐면서 어떻게 해야 야마모토 씨를 도울 수 있을지 생각하고 또 생각했다. 그러나 얼음이 다 녹을 때까지 결론을 내지 못했다.

"살아도
의미가 없다"

▼
▼
▼
▼

미나토 구의 전기가 끊긴 연립주택에서 홀로 살고 있는 다시로 다카시 씨가 결국 노후파산을 피할 수 없게 된 것은 연금을 받고 나서 2개월, 다음 연금 지급일을 며칠 앞뒀을 때였다. 마침내 현금이 바닥난 것이다. 다시로 씨의 얼굴은 초췌했고 안색도 나빴다.

"몸은 어떠신가요? 식사는 제때 하고 계신가요?"

다시로 씨는 작은 헝겊 주머니를 열어서 보여줬다. 주머니를 거꾸로 들고 흔들자 떨어진 것은 10원짜리 동전뿐이었다.

"부끄럽지만 남은 현금이 이것뿐입니다. 다 합쳐도 1000원이나 되려나요."

다시로 씨는 10원 동전을 다시 헝겊 주머니에 집어넣고 깊은 한숨을 쉬었다.

"식사는 어떻게 하고 계십니까?"

다시로 씨는 일어나서 부엌으로 향했다. 그리고 가스풍로 위에 놓인 프라이팬을 들어 내용물을 보여줬다. 프라이팬 안에는 레토르트 카레라이스가 절반 정도 남아 있었다. 미나토 구의 상담원이 방문했을 때 식비가 다 떨어졌다고 호소하자 복지 사무소에서 레토르트 식품을 배급받을 수 있다고 가르쳐줬다고 한다. 그곳에서 카레와 스튜 등 며칠분의 레토르트 식품을 받아 버티고 있었던 것이다.

"이게 두 끼분이라 나눠 먹고 있지요."

프라이팬에는 한 끼분의 카레라이스가 남아 있었다. 그러나 연금 지급일까지는 아직 며칠이 남아 있었다. 앞으로 어떻게 될지 걱정하고 있는데, 그 생각을 꿰뚫어보았는지 다시로 씨가 이렇게 설명했다.

"이런 일도 있겠다 싶어서 미리 사놓은 게 있습니다."

꺼낸 것은 두 다발에 1000원이라고 적혀 있는 냉국수 소면 봉투였다. 이미 한 다발은 먹었는지, 봉투 안에는 한 다발만 남아 있었다.

오후 7시. 여름이라 해도 해가 떨어지면 어두워진다. 밤에도 문을 열어놓고 사는 다시로 씨의 방으로 이웃에서 저녁 식사를 준비하는 식칼 소리와 간장 냄새가 흘러들어왔다. 다시로 씨도 방에서 저녁을 준비하고 있었다. 점심 식사를 거의 하지 않는 다시로 씨에게 귀중한 '식사'다. 전기가 들어오지 않기 때문에 방은 캄캄했지만, 조리를 위한 가스풍로의 불빛이 의지가 되었다. 가스풍로의 불을 피우자 방 안이 희미하게 밝아졌다. 프라이팬에 물을 끓이고 소면을 한 다발 넣었다. 마지막 소면이다. 물이 끓고 있는지 보이지 않기 때문에 수시로 프라이팬에 얼굴을 가까이 대며 물이 끓는지 확인했다. 연금 지급일이 다가오면 대개 현금이 바닥을 드러내기 때문에 항상 소면을 사서 먹게 된다고 한다.

완성된 냉국수를 그릇에 옮겨 담고 밥그릇에 소스를 붓고는 식사를 시작했다. 아무도 없는 캄캄한 방 안에서 홀로 먹는 저녁 식사……

"후루룩."

냉국수를 힘차게 빨아들이는 소리가 들린다. 인기척은 물론이고 텔레비전 소리조차 없다.

"……맛있네."

다시로 씨는 맛있다고 혼잣말을 하면서 냉국수를 먹었다.

"후루룩."

오후 8시. 저녁 식사를 마치면 캄캄한 방에서 할 수 있는 일은 자는 것뿐이다. 다시로 씨는 평소처럼 부엌에서 이불이 깔려 있는 거실로 이동해 라디오의 전원을 켰다. 라디오에서는 외국의 록밴드가 부르는 신나는 노래가 흘러나왔다. 슬슬 실례해야겠다 싶어 돌아갈 준비를 마치고 방을 나오려 할 때, 다시로 씨가 몸을 이쪽으로 향하며 말했다.

"아, 현관문은 열어놓고 가세요."

밤에 문을 열어놓고 자는 것은 위험하지 않겠느냐고 생각했지만, 문을 닫으면 연립주택 외부의 복도에서 새어나오는 외등의 불빛조차 들어오지 않게 된다. 게다가 한여름인 지금, 에어컨이 들어오지 않는 방의 문을 닫으면 통풍도 되지 않아 열사병에 걸릴 우려도 있을 것이다.

"안녕히 주무십시오."

조금 고민하다 현관문을 크게 열어놓은 채 방을 떠났다. 하다못해 시원한 바람이라도 방 안으로 들어오기를 바라면서.

며칠 뒤, 그날도 연립주택을 찾아갔는데 다시로 씨의 안색이 좋지 않은 것을 확연히 알 수 있었다. 얼굴은 창백하고, 무엇보다 표정이 괴로워 보였다.

"어디 편찮으신가요?"

다시로 씨는 때때로 괴로운 표정을 드러내면서도 꾹 참고 있는 듯했다.

"두통이 멈추지를 않네요."

영양을 충분히 섭취하지 못해서일까? 열사병일 위험성은 없는 것일까? 다시로 씨의 얼굴과 팔에 손을 대 보았다. 고열은 없는 듯했지만, 그래도 "병원에 가 보시는 게 어떨까요?"라고 권해 봤다.

그러나 다시로 씨는 고개를 가로저을 뿐이었다.

"아닙니다. 이걸 먹으면 괜찮아질 거예요. 한두 번 이런 것도 아니고……"

미리 사놓았던 시판약을 꺼냈다. 어느 약국에서나 구할 수 있는 시판 두통약이었다. 그 약을 먹으면 진통 효과로 조금은 편해질지 모르지만, 만일을 대비해 병원에 가 보는 편이 좋겠다고 재차 권했다.

그러나 완강히 고개를 가로저을 뿐이었다.

"병원에 가면 돈이 들지 않습니까? 그럴 여유는 없습니다. 안 그래도 이렇게 살고 있는데, 참을 수 있을 때까지는 참아야지요."

이날만이 아니다. 다시로 씨는 벌써 몇 년째 병원에 간 적이 없다. 두통이나 복통, 몸 상태가 조금 나빠져도 시판약을 먹고 꾹 참을 뿐이었다. 다시로 씨의 경우 75세 이상에 연금액도 기준 내이기 때문에 의료비 부담은 '10퍼센트'에 불과하다. 내과에서 진찰을 받고 이런저런 검사를 받더라도 10만 원을 넘는 일은 없을 것이다. 그러나 다시로 씨에게는 몇 만 원도 귀중한 생활비다. '냉국수'를 떠올리면 그 이상 병원에 갈 것을 강하게 권할 수가 없었다.

"괜찮아요, 괜찮아. 항상 이걸 먹고 조금 자면 싹 나았어요."

다시로 씨는 이렇게 말하며 등을 돌리더니 그대로 잠들었다.

그런데 다시로 씨는 병원에 가지 않아서 곤란한 점이 딱 하나 있다고 가르쳐줬다. 틀니가 없는 것이다. 몇 년 전에 잃어버린 뒤로 줄곧 틀니를 맞추고 싶었지만 돈에 여유가 없기 때문에 치과에 간 적이 없다고 한다. 다시로 씨의 경제적 현실을 생각하면 필요하다고 다 살 수는 없다. 그랬다가 집세를 내지 못하게 될지도 모르고, 먹을 것조차 살 수 없게 될지도 모른다. 그것이 두려워서 병원에 가지 못하는 것이다.

두통약을 먹고 잠든 다시로 씨의 웅크린 등을 바라보면서 문득 생각했다. 나라면 이 상황을 견딜 수 있을까…….

가난을
알리고 싶지 않아서

▼
▼
▼

**"돈이 없는 것, 병원에 가지 못하는 것보다 제가 더
괴로운 일이 있습니다. 친구와 지인을 잃었다는 것이지요."**

거리를 걷던 다시로 씨가 이렇게 중얼거리듯이 말했다. 미나
토 구의 고령자 시설로 가는 도중이었다. 고령자의 건강 유지를
목적으로 지어진 공공시설로, 목욕탕과 바둑실 외에도 여러 공
간이 갖춰져 있어 체조 교실 등의 행사가 정기적으로 열렸다. 60
세 이상의 주민은 등록만 하면 무료로 이용할 수 있는, 구에서
만든 시설이었다. 다시로 씨는 집에서 도보로 5분 정도 거리인

이 시설을 매일 아침 찾아갔다.

"전기가 끊겨서 에어컨을 쓸 수 없지 않습니까? 그래서 시원한 여기로 오지요. 이곳에는 텔레비전도 있고 책도 있고 신문도 있기 때문에 시간을 보내기에 참 좋습니다."

다시로 씨는 시설에 들어가자 다다미가 깔린 큰방에 가서 텔레비전을 켰다. 낮이지만 아무도 없는 방에는 다시로 씨는 혼자서 뉴스를 봤다. 그리고 얼마 후 밥을 먹는다며 이곳에 오는 도중에 편의점에서 산 '매실 주먹밥'을 꺼냈다. 이날의 점심은 주먹밥 하나였다. 멍하니 텔레비전을 보면서 주먹밥을 먹는 다시로 씨의 얼굴은 무표정하게 보였다.

점심 식사를 마친 다시로 씨는 옆에 있는 바둑실로 갔다. 그러나 상대가 없어 바둑을 둘 수가 없었다. 고령자 몇 명이 바둑을 즐기고 있었지만 다시로 씨는 그 사이에 끼려고 하지 않고 바둑실 안쪽에 있는 책장으로 향했다. 소설과 기행문 등이 꽂혀 있는 책장에서 책 한 권을 꺼내더니 의자에 앉아 읽기 시작했다. 그러자 다시로 씨가 텔레비전을 보던 방에서는 체조 교실이 시작되었는지, 많은 고령자의 "하나, 둘, 셋, 넷"이라는 구령 소리가 약간의 웃음소리와 함께 들렸다. 다시로 씨는 이따금 시선을 들어 쓸쓸한 표정으로 그곳을 슬쩍 바라보고는 다시 묵묵히 독서를 계속했다. 그리고 저녁 7시가 지났을 무렵 일어섰다.

"이제 슬슬 돌아가볼까."

작은 목소리로 이렇게 중얼거리고는 시설을 떠났다. 고령자의 교류를 유도하는 시설이지만 다시로 씨는 누구와도 교류하지 않았다. 대화는 고사하고 인사조차 하지 않았다.

연립주택으로 돌아온 다시로 씨는 바깥의 계단에 앉았다. 밤이 되어도 더운 날에는 밖에서 바람을 쐬면서 더위가 가시기를 기다리는 것이 일과였다. 해가 저물어도 에어컨을 쓸 수 없는 집 안은 찜통처럼 더웠다. 다시로 씨는 외등의 불빛 아래 외로이 앉은 채로 옛 이야기를 시작했다.

"젊었을 때는 친구가 많았습니다."

맥주 회사에서 일하던 시절에는 회사 동료나 친구와 여행을 가는 것이 무엇보다 큰 즐거움이었다고 한다.

"기차를 보는 것도, 타는 것도 좋아합니다. 덜컹거리는 기차를 타고 온천에 가거나 아름다운 자연의 풍경을 보러 가기를 좋아했지요."

어렸을 때는 증기기관차를 동경해 기관사가 되는 것이 꿈이었다. 어른이 되어서도 철도 마니아로 불릴 만큼 철도를 좋아했고, 그 열의는 식을 줄 몰랐다.

"자주 전철을 타고 여기저기 여행을 갔지요. 다시 한 번 여행을 할 수 있다면 얼마나 즐거울까요⋯⋯."

먼 곳을 바라보면서 그리운 표정을 지었다. 그러나 그 꿈은 이제 이룰 수 없는 바람이 되어버렸다.

"가난이 뭐가 괴로운가 하면 말입니다, 주위에서 친구들이 전부 없어진다는 겁니다. 어디를 가자, 뭘 하자고 해도 돈이 들지 않습니까? 돈이 없으니까 거절할 수밖에 없지요. 그리고 부담스러우니까 점점 만나지 않게 됩니다. 그게 정말 괴롭습니다."

운영하던 술집이 도산한 뒤 예금도 다 써버렸고, 연금만으로는 먹고살기도 빠듯한 상황이 되었다. 그러나 돈이 없다는 사실을 주위 사람들에게 알리고 싶지 않았다. 과거에 대등하게 사귀었던 친구들에게 동정을 받고 싶지 않았기 때문이다. 그래서 점점 친구들과의 여행이나 식사 모임을 거절하게 되었다. 권유를 받을 때마다 거절하다 보니 점차 거절하는 일조차 괴로워졌다. 그래서 아예 권유를 받을 일이 없도록 친구들과 만나기를 피하게 되었다. 그러다 보니 아무도 만나자고 연락하지 않게 되었다고 한다.

"결혼식에 가면 축의금을 내야 하지 않습니까? 장례식에 가면 조의금을 내야 하지 않습니까? 돈이 없으면 사람들과 교류할 수도 없습니다."

친구들과의 식사 모임에도 참가할 수 없는 자신이 한심하고,

슬프고, 비참했다. 돈이 없기 때문에 친구라는 '유대'가 단절된 것이다.

다시로 씨는 고무줄로 묶은 편지와 엽서 다발을 보여줬다. 친구들과 친하게 지내던 수십 년 전에 받은 연하장과 계절 안부 편지였다. 아마도 소중히 간직해왔으리라. 빛바랜 종이의 색이 친구들과의 인연이 끊어진 시간의 길이를 말해줬다.

친구 이야기를 한 뒤, 무표정해진 다시로 씨는 어두운 방 안에서 마음속 깊은 곳에 있던 생각을 털어놓았다.

"솔직히 말하면, 빨리 죽고 싶습니다. 죽어버리면 돈 걱정을 할 필요도 없지 않습니까? 지금 이렇게 살아 있는 것도 누굴 위해서 살고 있는 건지 솔직히 모르겠습니다. 이제 정말 지쳤습니다. 그러니까 미련 따윈 없습니다. 그저 빨리 죽고 싶을 뿐입니다."

담담하게 이야기하는 "죽고 싶다"는 말이 가슴을 아프게 찔렀다. 다시로 씨의 말을 듣고 노후파산의 무서움을 새삼 깨달았다. 연금 수입이 부족해 생활이 어렵거나 의료 혜택을 받지 못하는 것 자체도 심각한 사태이지만, 그렇다고 해서 '죽고 싶다'는 생각이 들지는 않는다.

정말 괴로운 일은 사람 또는 사회와의 '유대'를 잃고 누구를 위해, 무엇을 위해 살고 있는지 알 수 없게 되는 것이 아닐까? 비록 생활은 어렵지만 '자녀나 손자가 유일한 삶의 보람'인 고령자나, 친족은 아무도 없지만 '지역 활동에서 보람을 느끼는' 등 삶의 보람을 갖고 사는 고령자도 많이 만났다. 그런 사람들에게는 마음의 안식처가 분명히 있었다. 그러나 노후파산이라는 현실이 도화선이 되어 '유대'가 끊기고 삶의 보람이나 마음의 안식처를 잃어버리면 고령자들은 살아갈 기력조차 잃어간다.

다시로 씨에게 당장 필요한 조치는 경제적인 지원(=생활보호)을 통해 생활을 재건하는 것이다. 그러나 그것만으로는 부족하다. 노후파산에 몰림으로써 잃어버렸던 '유대'를 재구축하는 것이야말로 진정으로 필요한 지원이리라.

8월 말, 사놓았던 마지막 냉국수까지 다 떨어진 바로 그날 자치 단체에서 연락이 왔다. 기다리고 기다리던 연락이었다.

"생활보호비를 받으러 복지 사무소로 오라고 연락이 왔습니다."

구의 상담원이 신청 절차를 도와준 덕분에 접수가 원활히 진행되어 생활보호를 받을 수 있게 된 것이다. 다시로 씨의 경우는 매달 100만 원의 연금 수입이 있기 때문에 그것을 제외하고 생활비의 부족분으로 매달 50만 원 정도를 지급받게 되었다.

복지 사무소를 방문하는 날. 아침 8시 전에 평소와 다름없이 다시로 씨의 연립주택을 찾아갔다. "안녕하세요"라고 인사하며 집 안으로 들어가니 다시로 씨는 벌써 옷을 갈아입고 언제라도 외출할 수 있도록 준비를 끝낸 상태였다.

"지금 복지 사무소에 가도 너무 일러서 문도 안 열려 있을 겁니다"라고 말해줬지만 엉거주춤한 자세로 안절부절못하는 것이 눈에 보였다. 빨리 안 가면 생활보호비가 도망가버릴지도 모른다고 생각하는 모양이었다.

조금 일찍 도착한 복지 사무소의 자동문 앞에서 기다리던 다시로 씨는 문이 열리는 동시에 안으로 들어갔다. 창구에서 이름을 말하자 대기 로비에서 이름을 부를 때까지 기다리라는 대답이 돌아왔다.

"다시로 씨, 이쪽으로 오세요."

호명과 함께 상담 부스로 안내를 받은 다시로 씨를 담당 케이스워커가 맞이했다. 생활보호 케이스워커는 사회 보호비를 수급하는 사람을 대상으로 생활 상담에 응하고 취업 등을 지원하는 복지 사무소의 담당 직원이다. 도시 지역에서는 생활보호비 수급자가 증가하고 있어 케이스워커 한 명이 100명 이상을 담당하는 일도 적지 않다. 다시로 씨가 자리에 앉자 케이스워커는 "여기, 1개월분의 생활보호비입니다"라며 흰 봉투를 건넸다.

"정말 고맙습니다."

다시로 씨는 이렇게 말하며 케이스워커에게 깊게 고개를 숙였다.

복지 사무소에서 나온 뒤, 다시로 씨는 "참으로 고마운 일이야"라고 염불처럼 반복해서 중얼거리더니 다시 "미안합니다" "죄송합니다"라고 수없이 말했다. 생활보호비의 수급을 '고마운 일'로 생각하는 동시에, 세금을 받는 것에 대한 '부담스럽고 미안한' 마음도 느낀 듯했다.

'생활보호를 받지 않고 한계까지 버텨보고 싶다.'

이것이 다시로 씨의 진심이었다. 그러나 제대로 된 식사조차 할 수 없게 된 다시로 씨에게는 보호를 받는 것 이외의 선택지가 없었다. 이미 '버틸 수 있는 한계'를 넘어선 것이다. 그야말로 궁지에 몰린 끝에 찾아온 노후파산이었다.

다시로 씨의 복잡한 심경을 생각하면 생활보호라는 구제책을 선택한 것이 잘한 일이었는지는 알 수 없다. 그러나 이것으로 다시로 씨의 방에는 다시 전등불이 들어올 것이다. 캄캄한 방에서 외롭게 냉국수를 먹던 모습을 떠올리면서 잘한 일이었다고 생각하기로 했다.

앞에서도 이야기했듯이, 일본의 헌법 제25조는 '건강하고 문화적인 최저한도의 생활'을 보장하고 있다. 최저한도보다 적은 수입밖에 없을 경우 생활보호를 받는 것은 국민에게 보장된 권리다. 또한 생활보호를 받으면 생활비 걱정이 없어질 뿐만 아니라 의료와 돌봄 서비스 등의 공적 서비스도 무상으로 보장된다. 실제로 고령자의 경우 생활비는 절약해서 어떻게든 해결한다 치더라도 의료비나 돌봄 서비스 비용을 부담하지 못해 생활보호를 받게 되는 사람이 적지 않다.

그러나 여기에 한 가지 모순이 있다.

자신의 연금으로 열심히 살고 있는 사람은 돈이 없어서 병원에도 가지 못하고 참고 있다. 그러나 생활보호를 받으면 의료비가 무상이 되어 병원에도 충분히 다닐 수 있게 된다. 물론 당연한 권리를 행사할 뿐이지만, 어째서인지 '가려운 곳에 손이 닿지 않는' 찜찜함이 남는다.

연금을 가지고 열심히 사는 사람들이 '안심하고 의료를 받을 권리'가 보장되는 제도가 있다면 더 빨리 구제받는 사람이 늘어날 것이며 생활보호에 의지하지 않고 살아갈 수 있는 사람도 늘어날 것이다. 다시로 씨도 생활보호를 받게 되자 그때까지 계속 참아왔던 틀니 치료를 받을 수 있게 되었다.

"정말 고맙습니다."

다시로 씨는 고맙다는 말을 반복했지만, 그때까지 참아온 시간을 생각하면 더 일찍 도움의 손길을 내밀 방법은 없었는지에 대한 생각이 들지 않을 수 없었다.

생활보호 지원의
'벽'

▼
▼
▼
▼

생활보호를 받게 된 다시로 씨에게 떠오른 문제는
'주거'였다. 살고 있는 목조 연립주택은 집세가 60만 원이다. 생
활보호 제도가 인정하는 독신자의 주거비는 54만 원 정도가 상
한선(도쿄 도 내)인데 이를 초과한 것이다. 애초에 집세가 저렴한
공영 주택으로 이사하면 생활보호를 받지 않고도 100만 원의
연금으로 충분히 살 수 있지만, 이사비나 보증금이 필요하기 때
문에 포기하고 있었다. 그런데 생활보호를 받으면 집세가 저렴
한 주택으로 옮기기 위한 이사 비용은 나오므로 드디어 이사할

기회가 생긴 것이다.

다음 달에 도영(都營) 단지에서 입주자를 모집한다는 이야기를 미나토 구의 케이스워커에게 들은 다시로 씨는 일단 신청을 해보기로 했다. 경쟁률이 높아서 추첨에 떨어질지도 모르지만 그래도 '다시 한 번 내 연금만으로 살아보고 싶다'는 바람을 잃지 않고 있었기 때문이다.

도영 단지의 집세는 저소득 고령자의 경우 10만 원 정도에 불과하다. 이런 독거 고령자를 위한 저렴한 집세의 공영 주택 제도는 '연금만으로 빠듯하게 생활하는' 고령자가 늘어나는 현재 노후 생활을 지탱하는 토대가 될 수 있다.

다만 이사 비용이 없을 경우는 그 기회도 붙잡지 못하게 된다. 이 '틈새'를 메우기 위해 제도 간에 조정이 진행된다면 저렴한 집세의 공영 주택으로 이주함으로써 생활보호를 받지 않고 살 수 있는 고령자가 늘어나게 된다.

그러나 현실은 생활보호를 받아야 비로소 '저렴한 집세의 주택으로 이주할' 기회가 생기며, 집세가 싼 주택으로 이주하면 다시 생활보호 대상에서 제외된다. 제도와 제도 사이를 연결하는 다리가 없어서 멀리 돌아가야 하는 것이다.

생활보호 제도를 이용해 '주거'와 '생활'의 걱정이 사라지면 그 다음에 남는 문제는 '유대'의 재구축이다. 경제적으로 여유가 없어서 대인관계를 기피해온 다시로 씨에게는 의지할 수 있는 친구가 없다. 본인에게만 맡겨서는 어디에서 유대를 찾아야 할지 알 수 없어 난감할 것이다.

생활보호 케이스워거는 수급자가 많은 도시 지역의 경우 1년에 몇 번 얼굴을 마주하는 정도이기 때문에 유대까지 지원하기는 쉬운 일이 아니다. 그러나 고립되기 쉬운 고령자가 '지역과 유대를 맺을 수 있도록 돕자'는 시도가 각지에서 진행되고 있다.

고령자의 생활 상담과 돌봄 서비스의 거점이기도 한 '지역 포괄 지원 센터'를 기점으로 복지 단체와 NPO, 돌봄 서비스 사무소, 사회복지 협의회 등이 연대해 지역의 특성을 고려하면서 고령자가 사회와의 유대를 재구축할 수 있도록 지원하기 시작했다.

미나토 구에서도 홀로 사는 고령자를 방문하는 활동에 그치지 않고 고령자가 평생 학습이나 자원 봉사 등 사회 활동에 참여하는 가운데 유대를 재구축하도록 유도하기 위한 방안을 다각적으로 모색하고 있다. 다시로 씨도 그런 기회를 얻어서 다시 사회와 연결되어 '살아갈 힘'을 되찾기를 바란다.

'사는 것이 행복하다'고
생각하게 될
그날을 기다리며

▾
▾
▾
▾

생활보호비를 받은 다시로 씨가 제일 먼저 향한 곳은 이발소였다. 그는 "벌써 몇 달째 못 갔습니다"라면서 단골 이발소로 향했다. 주상 복합 건물의 2층에 있는 이발소의 입구에는 '커트 1만 3000원'이라는 광고가 붙어 있었다.

다시로 씨는 이발 의자에 앉자 "깔끔하게 다듬어주시오"라고 짤막하게 말했다. 그러자 이발사는 솜씨 좋게 머리카락을 자르기 시작했다. 다시로 씨는 줄곧 눈을 감고 있었다. 이발사는 다시로 씨의 머리를 짧게 다듬고 수염도 깨끗하게 깎아줬다. 그리고 얼마 후 "다 끝났습니다"라고 말했다. 다시로 씨는 천천히 눈을 뜨고 거울에 비친 자신의 모습을 바라보며 고개를 끄덕였다. 만족스러운 모양이었다. 의자에서 일어난 다시로 씨는 계산을 했다. 요금은 커트에 면도 등의 서비스가 추가되어 2만 5000원 정도였다. 생활보호비를 받은 다시로 씨가 식당도 슈퍼마켓도 아닌 이발소를 제일 먼저 찾아간 이유는 자신에게 잃어버렸던 자부심을 되찾아주고 싶어서였는지도 모른다는 생각이 들었다.

이발을 마친 뒤 거울에 비친 다시로 씨의 모습을 보니 문득 그가 현역 시절에 노후를 상상하며 그렸던 자화상이 떠올랐다. 양복을 입고 수염을 기른 신사 풍의 남성을 그린 바로 그 자화상이다. 그 자화상을 그렸을 무렵에는 틀림없이 풍요로운 노후를 상상했을 것이다.

일본이 고도 경제 성장을 계속하던 당시는 성실하게 일하면 보답을 받는 사회였다. 그렇기에 성실하게 일하면 안심하고 생활할 수 있는 노후를 손에 얻을 수 있다고 믿었으리라. 아니, 다시로 씨뿐만 아니라 지금의 고령자들은 당시 모두 그렇게 믿어 의심치 않았을 것이다.

그러나 초고령 사회가 도래하고 핵가족화가 진행되자 일본 사회는 격변기에 돌입했다. **독거 고령자가 수백만 명 단위로 급증하자 가족이 버팀목이 되어줄 것을 전제로 만들어진 사회 보**

장 제도는 기능 부전을 일으켰다. 그런 가운데 노후파산이라고 할 수 있는 현실이 확산되었다.

"이런 신세가 되리라고는 생각도 못했습니다."

다시로 씨와 같은 세대의 많은 사람이 이런 말을 했다. 아무런 고민도 없을 줄 알았는데, 정작 찾아온 것은 먹고살기조차 어려운 현실……. 그들의 상상과는 너무나도 거리가 먼 노후가 기다리고 있었다.

그러나 과거에 상상했던 '안심하고 살 수 있는 노후'를 되찾고 싶다, '자부심을 잃고 싶지 않다'는 바람은 남아 있을 것이다. 이발소에서 눈을 감고 있던 다시로 씨는 '몰라보게 변한 나를 만나고 싶다'고 바라는 듯했다.

이발소를 나오는 다시로 씨의 뒷모습은 왠지 조금 더 당당해 보였고, 걸음걸이도 씩씩했다. 이것을 계기로 '재기'를 향해 나아갔으면 좋겠다고 진심으로 바랐다.

"사는 게 행복합니다."

다시로 씨에게서 이런 말을 들을 수 있는 날이 찾아온다면, 취재 스태프로서가 아니라 다시로 씨를 아는 한 사람의 인간으로서 그보다 기쁜 일은 없을 것이다.

노후파산에 몰려 살아갈 기력을 잃어버린 고령자를 우리 사회가 어떻게 지원해야 할까? 도와 달라는 말도 못하고 꾹 참으며 살고 있는 사람들을 어떻게 발견하고, 어떻게 지원으로 연결해야 할까? 초고령 사회의 도래와 함께 점점 사태가 심각해지고 있는 현재, 우리 한 사람 한 사람의 각오가 중요한 시기가 아닐까 싶다.

도쿄 미나토 구의
독거 고령자 설문 조사

▼
▼
▼

확대되는 노후파산의 실태

홀로 사는 고령자가 급증하면서 무연(無緣)사회의 확대와 고독사 문제가 심각해지는 가운데, 도쿄 미나토 구에서는 2004년과 2011년에 독거 고령자를 대상으로 설문 조사를 실시했다.

조사와 분석을 담당한 메이지 학원 대학의 가와이 가쓰요시 교수는 지바와 오키나와, 야마가타 등 전국 각지에서 같은 조사를 실시해온 경험을 바탕으로 "홀로 사는 고령자는 연금 수입에만 의지할 수밖에 없기 때문에 경제적으로 어려움에 빠진 사람의 비율이 높다"라고 분석했다(미나토 구 2011년 조사의 질문표에서 일부 발췌).

먼저 주목해야 할 것은 생활보호 수준 이하의 수입밖에 없는, 이른바 노후파산 상태에 놓인 고령자의 비율이다. 생활보호비의 수준은 물가 등의 차이가 있기 때문에 지역마다 다른데, 가와이 교수 등은 미나토 구의 경우 연수입 1500만 원(구 내 독신자의 생활보호비를 어림셈한 금액)을 기준으로 삼았다. 그랬더니 1500만 원 이하가 31.9퍼센트를 차지했다. 30퍼센트가 넘는 사람이 수입의 측면에서 볼 때 노후파산에 가까운 상태임을 알게 된 것이다. 한편 수입이 4000만 원 이상인 사람은 12.3퍼센트에 이르렀다. 이에 대해 가와이 교수 등은 도시 지역 고령자의 경우 '빈곤층과 부유층'의 '양극화'가 현저히 진행되고 있다고 분석했다.

가와이 교수에 따르면, 야마가타 현의 농촌에서 같은 조사를 실시했더니 수입이 생활보호 수준(야마가타 현의 기준은 연수입 1200만 원) 이하인 사람의 비율이 무려 54퍼센트나 되었다고 한다. 생활보호 수준 이하의 계층이 차지하는 비율이 도시 지역보다 더 높은 것이다. 노후파산이 지방에서도 심각해지고 있음을 알 수 있다.

"연금이 적어도 다른 수입이나 모아놓은 돈이 있으면 어렵지 않게 살 수 있지 않나요?"

이런 질문을 종종 받는다. 물론 65세 이상 독거 고령자 중에도 아직 현역으로 일하는 사람이 있다. 그러나 설문 조사에서 주된 수입원이 '연금'이라고 대답한 사람은 55퍼센트가 넘었다.

또 생활보호 수준 이하의 수입밖에 없으면서 토지나 생명 보험 등의 자산을 보유한 사람은 생활비의 적자를 예·저금으로 메우고 있기 때문에 저금이 바닥나면 언젠가 노후파산에 처한다. 그런 의미에서 생각하면 연금 수입만으로 생활이 안 되는 고령자는 병이나 부상 등의 지출이 겹치면 언젠가 노후파산에 처할 위험성을 안고 있다고 할 수 있다.

홀로 사는 고령자 대부분은 자신의 연금에만 의지하며 살고 있다. 그런 상황이 확산되고 있는 지금, 연금 수입이 생활보호 수준을 밑도는 노후파산 직전 상태의 사람이 급증하고 있음은 결코 묵과할 수 없는 현실이다.

80퍼센트가 돌봄 서비스를 이용하지 않고 있다

설문 조사 결과에서 눈길을 끄는 또 다른 숫자는 돌봄 서비스를 이용하고 있는 사람의 비율이었다. 돌봄 서비스는 청소나 빨래, 목욕 등의 집안일을 지원받는 서비스인데, 경제적으로 이 돌봄 서비스 비용을 부담할 여력이 없는 사람이 적지 않다.

조사에서는 "돌봄 서비스 보험을 이용하고 있습니까?"라는 질문에 대해 81.6퍼센트가 "이용하고 있지 않다"라고 대답했다. 물론 돌봄 서비스를 이용하고 있지 않은 사람 중에는 "건강해서 아직 필요가 없다"는 사람도 포함되어 있다. 그러므로 이용하지 않는 사람 모두가 "경제적인 이유로 서비스를 받지 못하고 있다"라고는 말할 수 없다. 그러나 앞에서 소개한 경제 상황을 가미하면 수입이 부족해 돌봄 서비스를 받지 못하는 사람이 적지 않을 것이라는 분석이 가능하다.

돌봄 서비스 보험 제도의 경우, 보험료를 내고 있더라도 서비스 이용에 비용이 들어간다. 65세 이상의 고령자는 원칙적으로 '10퍼센트 부담'이다.

부담액은 '돌봄 필요도'에 따라 차이가 발생한다. 비교적 돌봄 서비스를 적게 받아도 되는 '돌봄 필요도 1' 단계부터 앓아누워서 하나부터 열까지 전부 돌봐줘야 하는 '돌봄 필요도 5'까지 5단계가 있으며, 서비스 일수와 시간이 늘어나면 금액은 점점 불어난다. '돌봄 필요도 5'가 되면 매일 도우미가 방문해야 하는데, 여기에 1회용 기저귀 비용이나 돌봄 서비스용 침대 대여비 등의 실비까지 포함하면 부담액이 매달 100만 원을 넘기는 경우도 있다.

또한 돌봄 서비스를 받고 있지 않아도 매달 돌봄 서비스 보험료를 내야 하는데, 이조차 내기가 어려운 고령자도 적지 않다. 연수입이나 자치 단체에 따라 약간의 차이는 있지만, 일반적으로 매달 내야 하는 돌봄 서비스 보험료는 4만~5만 원 정도다.

이 보험료를 내지 못하고 있는 고령자도 있다.

2년 이상 보험료가를 연체하면 페널티로 돌봄 서비스 이용료 부담 비율이 '10퍼센트'에서 '30퍼센트'로 높아진다. 보험료조차 낼 여유가 없는 고령자가 세 배로 오른 이용료를 부담하기는 쉬운 일이 아니다. 경제적으로 여유가 없어서 돌봄 서비스 보험료를 연체했더니 서비스 이용료가 인상되어 결국 돌봄 서비스 보험을 이용할 수 없게 되는 것이다. 자치 단체들은 이런 사람들을 어떻게 구제할지 대응책 마련에 부심하고 있다.

돌봄 서비스 보험료를 2년 이상 연체하고, 그 결과 '30퍼센트'로 할증된 돌봄 서비스 비용도 내지 못해 돌봄 서비스 보험을 이용하지 못하게 된 고령자는 어떻게 될까? 그런 사례를 취재하고자 안내를 받아 도쿄 도내의 한적한 주택가 한구석에 위치한 쓰레기투성이인 집을 방문했다.

그 집에 사는 80대 남성은 치매를 앓고 있어서 일상적인 행동도 제대로 하지 못했다. 집 안에는 발 디딜 틈도 없을 만큼 쓰레기가 가득했고, 빨래도 하지 않은 채 며칠씩 같은 옷을 입고 있는 상태였다. 살고 있는 집을 소유하고 있어서 생활보호를 받을 수도 없기 때문에 자치 단체는 골머리를 앓고 있었다. 이럴 경우 본인이 의사 결정을 하는 데 어려움이 있기 때문에 친족이라도 찾지 못하면 지원에 매우 시간이 걸린다.

"아직 괜찮은데 돈만 아깝게……."

돌봄 서비스를 받지 않고 자신의 힘으로 어떻게 해보려고 무리하다가 어느 날 정신을 차려 보니 '돌봄 서비스를 받고 싶어도 받을 수 없는' 상태에 빠지는 사례가 줄을 잇고 있다. 노후에 홀로 사는 것이 누구도 피할 수 없는 현실이 되고 있는 지금, 필요한 돌봄 서비스를 받지 못하고 고립되는 모습은 머지않은 미래에 우리 자신의 모습일지도 모른다. 연금 지급액이 점점 줄어드는 가운데 노후파산의 문제는 외면할 수 없는 우리 자신의 문제인 것이다.

설날을 홀로 보내는 고령자들

그 밖에 설문 조사 결과에서 눈길을 끈 것은 독거 고령자의 '유대'가 매우 희박해지고 있다는 점이었다. 가령 "일상생활에서 곤란한 일이 생겼을 때 누구에게 도움을 받습니까?"라는 질문을 보면, "자녀"라고 대답한 사람이 39.8퍼센트로 가장 많았고, "친구·지인"이라고 대답한 사람이 24.7퍼센트, "형제·자매"라고 대답한 사람이 19.9퍼센트로 그 뒤를 이었다. 그런데 여기에서 주목해야 할 것은 "도움을 받을 사람이 없다"라는 대답이 11.7퍼센트에 이르렀다는 사실이다. 무엇인가 곤란한 일이 있어도 의지할 대상조차 없다는 사람이 10퍼센트가 넘는 것이다.

게다가 "설날 연휴를 누구와 함께 보내셨습니까?"(복수 응답)라는 질문에 "사흘 동안 아무도 만나지 않고 홀로 보냈다"라고 대답한 사람이 33.4퍼센트로, 세 명 중 한 명은 설날을 함께 보낼 사람조차 없음이 밝혀졌다. 올해 편의점에서 '독신자'를 대상으로 내놓은 설날 요리가 판매 호조를 기록했다는 뉴스 보도가 있었는데, 이런 경향이 점점 강해질지도 모르겠다고 느꼈다.

더욱 심각한 사실은 수입이 적은 사람일수록 유대 상실이 현저하게 나타난다는 것이다. 경제적으로 여유가 없는 사람일수록 관혼상제 등의 친족 행사나 지역 모임 등에 참석하지 않게 된다. 유대를 유지하기 위해서도 어느 정도의 돈이 필요하기 때문이다.

설문 조사 결과에 따르면 설날을 '외톨이'로 보낸 독거 고령자의 수가 미나토 구만 해도 2000명을 웃돈다는 계산이 나온다. 편의점에 설치된 '독신자' 전용 설날 요리 코너를 바라보면서 문득 이것을 사고 있는 노후의 내 모습을 상상해봤다. 사람은 생각하고 싶지 않은 일은 의식적으로 외면하기 마련이다.

"혼자서 설날을 보내는 게 뭐가 어때서?"

상상하면서 이렇게 센 척도 해봤다. 그러나 병을 앓거나 몸이 생각처럼 움직이지 않게 되었을 때도 똑같은 말을 할 수 있을까?

홀로 보내는 설날은 미래에 찾아올 우리 자신의 현실일지도 모른다.

2장

희망조차
사치가 되어버린
이 시대의 노후

"어차피 죽일 거라면 단번에 죽여줬으면 좋겠네요.
이젠 오래 살고 싶다는 생각 따윈 하지도 않으니까요."

돌봄 서비스에 드는 돈도
아끼고 싶다!

▼
▼
▼

연금만으로 생활하고 있는 고령자 중에는 병원에
가는 것조차 참으면서 사는 사람이 적지 않다. 그러나 생명과 관
계가 있는 병을 앓으면 의료비는 줄일 수 없는 지출이 된다. 참
을 수 있을 때까지 참더라도 병이 악화되면 결국은 빚을 져서라
도 병원에 갈 수밖에 없게 되는 경우가 대부분이다.

특히 돌봄 서비스의 경우는 아무리 불편해도 한계까지 참으
면서 지출을 아낀다. 도쿄의 방문 돌봄 서비스 센터 등을 취재하
면서 우리는 이런 의견을 많이 들었다.

"도우미와 간호사가 방문하는 횟수와 시간이 좀 더 늘어났으면 좋겠습니다."

가령 하반신이 자유롭지 않은 고령자의 집을 도우미가 일주일에 한 번씩 1시간 동안 방문하고 있다고 가정하자. 청소를 하고 장을 보면 1시간은 후딱 지나가버린다. 목욕 돕기, 식사 만들기, 빨래 등 도와주고 싶은 일이 산더미처럼 많은데 해줄 수가 없어서 마음이 아프다고 호소하는 돌봄 서비스 도우미가 많았다. 그러나 '이용자가 돈이 없어서' 돌봄 서비스를 늘리지 못하는 것이다.

돌봄 서비스 보험은 고령자의 몸 상태나 치매 등 병의 정도에 따라 돌봄 서비스의 필요도를 5단계로 구분하고 있다. 단계별로 서비스를 이용할 수 있는 시간과 내용 등에 차이가 있으며, 그 범위 안에서 서비스를 조합해 이용하게 된다. 그런데 허용된 상한선보다 낮춰서 이용하는 사람이 늘어나고 있다.

한편 홀로 사는 고령자가 늘어나면서 돌봄 서비스의 필요성은 높아지고 있다. 만약 돌봄 서비스 보험의 상한선까지 서비스를 받는다면 원칙적으로 비용의 10퍼센트를 부담하게 된다. 그러나 그 10퍼센트를 부담할 능력이 없어서 상한선까지 이용하지 못하는 사람이 적지 않다.

또한 24시간 침대 신세를 져야 하는 독거 고령자 등이 돌봄 서비스 보험에서 허용하고 있는 상한선을 초과한 방문 서비스를 이용하고 싶을 경우, 초과분은 전액 자기 부담이 된다. 10퍼센트 부담이라도 1회 1시간 정도 서비스를 받는 데 들어가는 비용은 어떤 서비스냐에 따라 차이는 있지만 대체로 5000~1만 원 정도다.

이 말은 전액 자기 부담일 경우 10만 원이 넘게 들어간다는 의미다. 연금 생활을 하는 독거 고령자가 안심하고 불편 없이 독거 생활을 유지할 수 있는 수준의 돌봄 서비스를 받기에는 부담이 큰 것이다. 그리고 **"돈이 끊어지면 서비스도 끊어진다"**라고 **봐야 할 만큼, 경제적으로 빠듯한 생활을 하고 있는 연금 생활자의 대부분은 충분한 서비스를 받지 못하고 있다.**

2014년 7월, 취재를 위해 도쿄 기타 구의 방문 간호 센터를 찾아갔다. 간호사이자 소장인 요코야마 미나코(横山美奈子) 씨는 비용 부담 때문에 충분한 방문 서비스를 받지 못하는 사람이 늘어나고 있어서 집에서 생활하는 고령자를 지원하기가 힘들다고 말했다.

"저희 센터에서 방문 서비스를 이용하고 있는 고령자 중에도 좀 더 간호나 돌봄 서비스를 이용하고 싶어 하시는 분이 많아요. 저희 간호사들로서도 좀 더 자주 방문해서 돌봐드리고 싶은 분들이 계신데, 문제는 그만큼 돈이 들어간다는 것이지요."

요코야마 씨는 돌봄 서비스 비용을 아끼고 있는 심각한 사례를 꼭 알리고 싶다며 동행 취재에 응했다.

이용하고 싶어도
이용할 수 없는
돌봄 서비스

▼
▼
▼
▽

　　도쿄 도내에는 오래전에 조성된 도영 단지가 적지
않다. 그중에서도 기타 구의 도영 단지는 고령화율이 50퍼센트
에 이르며, 독신 세대도 눈에 띄게 증가하고 있다. 이 단지를 담
당하고 있는 요코야마 씨는 좀 더 돌봄 서비스를 받고 싶지만
연금 수입이 허락하지 않아 참고 사는 고령자가 늘고 있다며 참
으로 걱정스럽다고 말했다. 그리고 그중에서도 특히 걱정이 된
다는 80대 여성을 소개해줬다. 이 단지에서 홀로 생활하고 있는
기쿠치 사치코(菊池幸子, 가명) 씨다.

우리는 방문 간호를 위해 기쿠치 씨의 집을 찾아가는 요코야마 씨와 동행했다. 도영 단지에 들어서자 요코야마 씨는 먼저 우편함이 있는 곳으로 향했다. 기쿠치 씨의 우편함에는 튼튼한 자물쇠가 채워져 있었는데, 익숙한 손놀림으로 다이얼을 돌리더니 안에서 집 열쇠를 꺼냈다.

"기쿠치 씨는 하체가 많이 약해져서 서 있기도 버거운 상태예요. 그러다 보니 문을 열러 현관까지 나오시는 게 위험하기 때문에 방문 간호사나 도우미는 사전에 제공받은 비밀 번호로 여기에서 집 열쇠를 꺼내 직접 문을 열고 들어가고 있지요."

요코야마 씨는 기쿠치 씨의 집 앞에 도착하자 취재 스태프에게 "잠깐만 여기에서 기다려 주세요"라고 말하더니 열쇠로 문을 열고 "안녕하세요. 저 들어갈게요"라고 큰 소리로 외치면서 혼자 집 안으로 들어갔다. 그리고 잠시 후, "들어오세요"라는 신호에 조심스럽게 집 안으로 들어온 취재 스태프를 기쿠치 씨가 상냥하게 웃으며 맞이했다.

"제가 류머티즘 때문에 다리가 많이 아프답니다. 그래서 화장실까지 걸어가기가 힘들어 이걸 쓰고 있지요."

기쿠치 씨는 다리를 문지르면서 휴대용 화장실을 가리켰다. 기쿠치 씨의 두 다리는 무릎 아래부터 퉁퉁 부어 있었다. 가만히 있어도 아프다고 한다. 특히 발목부터 발끝까지는 심하게 부어 있어서 복사뼈가 보이지 않을 정도였다.

"곰발 같지요?"

기쿠치 씨는 웃고 있었지만, 표정에는 어딘가 쓸쓸함이 서려 있었다. 방문 간호를 위해 찾아온 요코야마 씨는 다리에 연고를 바르고 정성껏 마사지를 하기 시작했다. 조금이라도 혈액 순환을 좋게 해서 부기를 가라앉히기 위함이었다. 요코야마 씨는 일주일에 한 번 기쿠치 씨의 집을 방문했다. 사실 요코야마 씨는 좀 더 날수를 늘려서 간호하고 싶었지만, 기쿠치 씨로서는 경제사정상 그럴 수가 없었다. 서비스를 늘리면 비용이 들어가기 때문이다.

취재 당시 기쿠치 씨는 돌봄 필요도 2로 지정되어 있었다. 돌봄 서비스 보험에서는 돌봄 필요도에 따라 이용할 수 있는 서비스의 분량이 정해져 있다. 그 범위 안에서라면 '본인이 10퍼센트를 부담'하고 서비스를 받을 수 있다.

가령 입욕 서비스가 10만 원이라면 1만 원을 부담한다. 그런데 기쿠치 씨는 이미 돌봄 필요도 2에서 허용되는 최대한의 서비스를 이용하고 있었기 때문에 방문 돌봄이나 방문 간호 서비스를 늘릴 수 없었다. 물론 돌봄 서비스 인증을 다시 받아서 돌봄 필요도 3으로 지정되면 이용 가능한 서비스의 양을 늘릴 수는 있다.

그러나 현재의 비용도 부담스러운 기쿠치 씨로서는 설령 상한선이 높아지더라도 서비스를 늘리기가 버거운 것이 현실이었다. 하물며 돌봄 필요도 2를 유지한 상태에서 전액(100퍼센트)을 부담하며 돌봄 서비스를 늘리는 것은 꿈도 꿀 수 없는 일이었다.

경제적으로 어려운 독거 고령자 중에는 배우자를 잃은 뒤에 연금 수입이 줄어들면서 어려움에 빠지는 패턴이 많다. 부부 두 명의 연금을 합쳤을 때는 생활이 가능했지만 갑자기 절반이 줄어들자 생활을 유지할 수 없게 된 것이다. 기쿠치 씨의 경우도 지금처럼 어렵게 살게 된 이유가 3년 전에 남편이 죽었기 때문이었다.

남편이 살아 있을 때는 두 명이 130만 원 정도의 연금으로 살았지만 지금은 자신의 국민연금과 남편의 유족연금을 합쳐 매달 80만 원 정도의 수입으로 생활하고 있다. 자영업으로 토목사무소를 운영한 남편을 도와왔지만 전업주부였기 때문에 후생연금은 없다. 80만 원의 수입으로 집세와 생활비, 돌봄 서비스 비용 등을 내고 나면 매달 30만 원 전후의 적자가 난다.

기쿠치 씨는 적자를 메우기 위해 저축한 돈을 헐어서 돌봄 서비스 이용료 등을 내고 있는데, 이렇게 예금으로 적자를 메우면서 생활하는 것은 연금이 적은 고령자에게서 많이 볼 수 있는

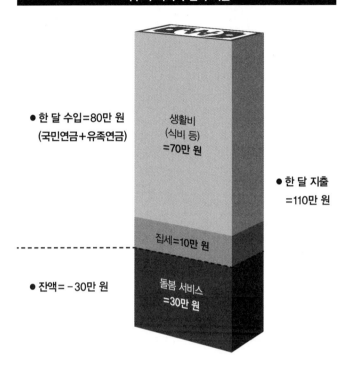

기쿠치 씨의 수입과 지출

● 한 달 수입=80만 원
(국민연금+유족연금)

생활비
(식비 등)
=70만 원

● 한 달 지출
=110만 원

집세=10만 원

● 잔액=-30만 원

돌봄 서비스
=30만 원

사례다. 예금이 다 떨어지면 지금도 빠듯한 생활비나 돌봄 서비스 요금을 더욱 줄여야 한다. 그렇게 해도 생활을 유지할 수 없게 되면 생활보호를 받을 수밖에 없다. 현재 기쿠치 씨의 예금 잔액은 400만 원 정도인데, 그 예금이 다 떨어질 때까지는 빠듯한 생활을 계속하게 된다. 그야말로 노후파산을 향한 카운트다운이 시작된 상황이었다.

"돈만 있으면 돌봄 서비스도 더 받을 수 있겠지요."

침대에 앉으면서 기쿠치 씨가 이렇게 중얼거렸다. 기쿠치 씨는 하루의 대부분을 침대 위에서 보낸다. 아니, 침대에서 벗어나려고 걷기 시작하면 격렬한 통증이 오기 때문에 침대 위에서 보낼 수밖에 없다. 그래서 일주일에 한 번의 방문 간호와는 별도로 움직이지 못하는 기쿠치 씨를 대신해 청소와 취사를 해주는 방문 돌봄 서비스를 받는다. 그러나 돌봄 서비스 도우미가 기쿠치 씨의 집에 있는 시간은 매일 아침 8시 반경부터 1시간 정도다. 요컨대 남은 23시간, 즉 하루의 대부분은 혼자서 보내야 하는 것이다. 혼자 있는 시간에는 식사를 하거나 화장실에 갈 때마다 극심한 통증을 참으며 걸어야 한다.

기쿠치 씨가 혼자서 걷는 모습을 처음으로 본 것은 도우미가 돌아간 뒤, 점심 식사를 할 때였다. 침실 옆에 있는 부엌까지 걸어가서 도우미가 아침에 미리 만들어놓은 점심을 먹는다고 한다. 건강한 젊은이라면 아마도 걷는 데 10초도 걸리지 않을 거리였기 때문에 아무리 류머티즘으로 하반신이 아프다고 해도 그 정도 거리라면 별다른 어려움은 없지 않을까 생각했다. 그러나 그로부터 몇 분 동안 취재 스태프는 믿을 수 없는 광경을 목격했다.

먼저, 기쿠치 씨는 침대 위에서 "이얍" 하고 기운을 불어넣으며 일어서려 했다. 침대 옆에 설치된 수직 기둥을 붙잡고 팔의 힘으로 몸을 들어 올리듯이 일어섰다.

"영차, 영차……."

수직 기둥을 양손으로 붙잡고 팔을 잡아당겨 상체를 들어 올리며 일어섰다. 그리고 침대 옆에 있던 바퀴 달린 보행기를 꼭 쥐었다. 아기가 걷기 시작할 때 사용하는 보행기를 크게 만든 것 같은 기구였다. 그 보행기로 몸을 지탱하면서 천천히, 천천히 걷기 시작했다. 한 걸음 한 걸음을 힘차게 내딛듯이 앞으로 나아갔다. 그리고 도중에 몇 번을 멈춰 서서 보행기를 꼭 잡고 호흡을 가다듬었다. 걸을 때나 멈춰 설 때나 보행기에서 손을 떼면 당장이라도 쓰러질 것 같아서 가슴이 조마조마했다. 눈앞에 보이는 부엌까지 불과 5미터의 거리가 끝없는 여로와도 같았다. 열심히 나아가지만 좀처럼 부엌에 도착하지 못했다.

목적지인 부엌의 냉장고 안에는 아침에 도우미가 만들어놓은 점심 식사가 들어 있다. 점심 식사를 할 때 냉장고까지 음식을 가지러 가는 것은 매일 찾아오는 '고통의 시간'인 동시에 인고의 시간이기도 했다.

기쿠치 씨는 마침내 부엌에 도착했다. 이제 바로 코앞에 냉장고가 있다. 그러나 지쳤는지 1미터를 가는 데 몇 분 가까이 걸렸다. 다리가 아파서 표정도 일그러져 있었다. 멈춰 서자 조용한 방 안에 거친 숨소리가 울려 퍼졌다.

"후……. 드디어 도착했네요."

기쿠치 씨는 한 손으로 보행기를 붙잡고 다른 한 손으로 냉장고 문을 열었다. 조금이라도 균형이 무너지면 쓰러질 것만 같았다. 천천히, 천천히 냉장고 문을 붙잡고 안을 들여다봤다. 냉장고 안에는 바나나와 기쿠치 씨가 좋아하는 감자 샐러드가 들어 있었다. 보행기에서 손을 떼면 위험하기 때문에 보행기를 잡은 채로 다른 쪽 손을 뻗었다.

'힘내세요. 이제 얼마 안 남았어요.'

나도 모르게 마음속으로 이렇게 응원하고 있었다. 그때 손이 드디어 감자 샐러드가 담긴 용기에 닿았다. 천천히 용기를 꺼내고는 냉장고 문을 닫았다. 그리고 보행기에 매달려 있던 주머니에 용기를 넣었다. 보행기를 양손으로 꼭 붙잡아야 간신히 걸을 수 있는 기쿠치 씨는 한 손에 물건을 들고 걸을 수가 없다. 그래서 보행기에는 물건을 나를 때 사용하는 주머니가 매달려 있었다.

이제 다시 침대까지 돌아가야 한다. 먼저 유턴을 하기 위해 천천히 보행기를 회전시켰다. 반 걸음, 반 걸음씩……. 이렇게 유턴을 하는 데도 몇 분이 걸리고, 방향이 잡히면 다시 걷기 시작한다. 내쉬는 숨소리가 더욱 거칠어졌다. 보폭이 점점 줄어들고,

느릿느릿 나아갈 수밖에 없기 때문에 정신이 아득해질 만큼 긴 시간 동안 침대를 향해 걸어갔다. 그리고 마침내 침대 곁에 있는 수직 기둥에 손을 얹자 "영차"라는 소리와 함께 침대에 쓰러지듯이 누웠다.

"후우, 후우, 후우, 후우, 후우……."

호흡을 가다듬느라 이야기도 하지 못할 정도였다. 2~3분이 지나 호흡이 안정되자 간신히 말을 할 수 있었다.

"류머티즘만 있는 게 아니라 심장에도 지병이 있어서 조금만 움직여도 숨이 가빠진답니다."

이렇게 점심 식사를 가지러 갈 때를 제외하면 기쿠치 씨가 걷는 일은 거의 없다. 침대에서 움직이지 않고 생활할 수 있도록 필요한 것은 전부 침대 주위에 가져다 놓았다. 텔레비전과 에어컨의 리모컨은 물론이고, 신문도 아침에 도우미가 와서 침대에 가져다 놓는다. 그러나 음식은 상온에 놔두면 상하기 때문에 냉장고에 넣어야 한다. 그래서 '점심 식사를 가지러 가는' 시련이 매일 찾아오는 것이다.

그날의 점심 식사 메뉴는 감자 샐러드와 바나나 한 개였다. 기쿠치 씨는 감자 샐러드가 담긴 그릇에 씌워져 있던 랩을 벗기더니 샐러드를 천천히 입에 넣었다.

"맛있네."

누구를 향해서가 아니라 혼잣말로 중얼거리면서 먹었다. 내일도 점심 식사를 가지러 가기 위해 '5미터의 시련'을 통과해야 한다. 그리고 언젠가 이 5미터조차 걷지 못하게 되면 독거 생활을 유지하기조차 어려워질 것이다.

홀로 짊어지기엔
너무나 거대한
외로움

▼
▼
▼
▼

아침 7시 반경이 되면 기쿠치 씨는 누구와 만날 약
속이 없어도 규칙적으로 잠에서 깬다. 우리 취재 스태프도 기쿠
치 씨와 하루를 보내기 위해 아침 일찍부터 댁을 방문했다.

"안녕?"

기쿠치 씨는 창문 밖을 향해 이렇게 말을 걸더니 커튼을 열기
위해 보행기를 잡았다. 침대에서 창가까지는 두세 걸음 정도 떨
어져 있다. 창문을 열자 아침 햇살이 방안을 환하게 비췄다. 기
쿠치 씨는 창가에 서자 바깥쪽을 향해 말하기 시작했다.

"안녕? 안녕? 나무야, 잘 잤니? 날씨가 참 좋구나. 나무 너도 기분이 좋지?"

기쿠치 씨의 하루는 이렇게 하늘과 나무, 새들에게 말을 걸면서 시작했다.

"아침에 혼자 일어나서 아무 말도 안 하고 있으면 심심하지 않습니까? 이렇게 바깥을 향해 말을 걸면 기분이 상쾌해지지요."

아침 8시. 기쿠치 씨에게는 점심 식사를 가지러 가는 것 이외에 또 다른 시련이 있었다.

"아, 벌써 시간이 이렇게 됐네."

벽시계를 보더니 창가에서 벗어나 침대와는 다른 방향으로 보행기를 돌렸다. 그리고 몇 걸음을 걸어 현관 옆에 있는 세탁기로 향했다. 매일 아침 세탁기를 돌려놓는 것이 일과이기 때문이다. 돌봄 서비스 도우미가 오기 전에 세탁기를 돌려놓으면 도우미가 세탁물을 넣어준다. 도우미가 와서 세탁기를 돌리면 1시간이라는 시간 안에 세탁물을 넣기가 어렵다. 그러므로 세탁기를 미리 돌려놓아야 한다. 그런데 이것이 기쿠치 씨에게는 커다란 시련이었다. 보행기에서 손을 떼지 못하는 기쿠치 씨는 한 손으로 세탁물을 잡아서 세탁기에 넣어야 한다. 몸을 웅크리다 균형을 잃어 넘어지지 않도록 주의하면서 세탁물을 잡아 세탁기 안에 넣는다. 가장 큰 난관은 세제를 넣는 것이다. 한 손만으로는 세제 뚜껑을 여는 것도 쉬운 일이 아니다.

"단단하게도 조였네. 안 열려."

류머티즘 때문에 손에 힘이 들어가지 않아 뚜껑을 제대로 돌리지 못했다. 세제 용기를 품에 껴서 움직이지 않게 하고 한 손으로 열심히 뚜껑을 돌린다. 그리고 간신히 뚜껑이 열리면 세제 투입구에 액체 세제를 넣어야 한다. 세제를 한 손에 들고 있기 때문에 세탁기에 몸을 기대며 균형을 잡는다. 손의 통증 때문에 안정이 되지 않아 부들부들 떨면서 작은 세제 투입구에 액체 세제를 부으려 하지만, 부들부들 떨 때마다 세제가 바닥에 떨어진다. 간신히 세탁기를 돌리기 시작했을 무렵에는 지친 표정이 역력했다.

8시 30분, "안녕하세요"라는 기운 찬 목소리와 함께 도우미가 찾아왔다. 도우미는 먼저 아침 식사를 준비했다. 식칼로 채소를 잘게 써는 동시에 프라이팬을 달궈 햄에그를 만들기 시작했다. 그 날렵한 솜씨를 넋이 빠진 표정으로 구경하고 있으니, "1시간 동안 여러 가지를 하려면 속도와 효율을 중시해야 해요"라고 도우미가 말했다.

10분도 지나지 않아 된장국과 햄에그, 밥을 완성한 도우미는 아침 식사를 침대까지 가져갔다. 갓 지은 식사, 김이 모락모락 올라오는 요리는 아침에만 맛볼 수 있었다. 점심에는 미리 만들어 냉장고에 넣어둔 음식을 먹고, 저녁은 배달 도시락으로 때운다. 기쿠치 씨는 그 소중한 아침 식사를 기쁜 표정으로 먹고 있었다.

기쿠치 씨가 식사를 하는 동안에도 도우미는 집안일을 멈추지 않았다. 점심 식사를 만들고 휴대용 화장실을 청소했다. 그리고 9시 30분에 도우미가 마지막으로 한 일은 세탁물을 너는 작업이었다. 능숙하게 세탁물을 바구니에 넣고는 부엌 옆에 있는 작은 방으로 가져가 널기 시작했다. 빠르게 작업하면서도 주름을 펴고 가장자리를 딱 맞춰서 널었다. 세탁기를 사전에 돌려놓지 않았다면 이 작업까지는 도저히 무리였을지도 모른다.

우리는 도우미의 능숙한 일솜씨에 감탄하면서 한편으로 마음이 숙연해졌다. 기쿠치 씨의 경제 사정상 받을 수 있는 서비스 시간은 1시간뿐이다. 그 시간을 더 늘릴 수는 없음을 알고 있기에 도우미는 시간을 소중히 여기며 최대한 많은 서비스를 제공하려고 분투하는 것이다. 비록 짧은 시간이지만 쉬지 않고 계속 일하기 때문에 상당한 중노동이 될 수밖에 없다.

매일 아침 도우미가 1시간 동안 제공하는 돌봄 서비스는 독거 생활을 유지하기 위해 꼭 필요한 서비스다. 그러나 좀 더 서비스 시간을 늘리고 싶다는 것은 돌봄 서비스 도우미나 간호사만의 생각이 아니라 기쿠치 씨 자신의 본심이기도 했다. 어떤 서비스를 늘리고 싶으냐고 묻자 기쿠치 씨는 부끄럽다는 표정으로 이렇게 털어놓았다.

"그게, 휴대용 화장실을……."

휴대용 화장실은 침대 바로 곁에 놓여 있다.

"오전에 도우미가 청소를 해주지만, 사실은 오후나 저녁에 한 번 더 청소를 해줬으면 하는 바람이 있네요."

그 시간대에는 화장실을 이용한 채로 놔두기 때문에 아무래도 방에 냄새가 나게 된다. 물론 함께 사는 가족이 있다면 가족이 해줄 것이다. 그러나 기쿠치 씨는 방문 돌봄 서비스에 의지할 수밖에 없는데, 그 돌봄 서비스를 더 늘릴 여력이 없었다.

안심하고 살 수 있는 노후 생활, 쾌적한 노후 생활은 '돈'에 달려 있다. 하지만 그것을 충분히 부담할 수 있을 만큼 여유 있는 고령자는 적다. 그것이 오늘날의 현실이다.

또한 돌봄 서비스 도우미의 역할은 생활 지원만이 아니라는 것도 기쿠치 씨에게 배웠다. 매일 아침 도우미의 방문이 끝나면 기쿠치 씨는 긴 시간을 홀로 보내게 된다. 텔레비전을 보거나 신문을 읽으면서 홀로 보내는 시간은 마치 영원처럼 길게 느껴진다고 한다. 사람과 대화하기를 즐기는 기쿠치 씨에게 이 시간은 외로움과의 싸움이었다. 취재 스태프와 완전히 친해진 기쿠치 씨는 취재를 마치고 돌아가려 할 때마다 항상 취재 스태프를 붙잡았다.

"그러지 말고 여기서 묵고 가세요. 빈 방도 있고, 이불도 있답니다."

그 말을 들을 때마다 기쿠치 씨를 홀로 남겨두고 떠나기가 미안해졌다.

"다시 찾아뵙겠습니다."

매번 미안한 마음으로 기쿠치 씨의 집을 떠났다. 기쿠치 씨가 짊어지고 있는 고독이 얼마나 거대한지를 느끼는 순간이었다.

"밖으로
나가고 싶다"

▼
▼
▼
▼

"제게는 꿈이 있답니다."

취재를 위해 찾아간 어느 날, 기쿠치 씨가 갑자기 이런 말을 꺼냈다.

"다시 밖에 나가서 산책을 하고 장을 보는 것이지요."

기쿠치 씨에게는 같은 단지에 가족처럼 왕래할 만큼 사이좋은 친구가 여럿 있었다고 한다. 근처로 장을 보러 갔다가 마주치면 즐겁게 이야기를 나누느라 시간 가는 줄도 모를 정도였다. 1년에 몇 번은 이웃이나 남편의 직장 동료들과 여행을 가는 것이 즐거움이었다. 그러나 지금은 그렇게 외출을 하는 일이 없다. 휠체어가 없으면 밖으로 나갈 수가 없기 때문이다. 게다가 휠체어를 밀어줄 가족도 없다. 근처의 상점가를 아이쇼핑하는 것도 이룰 수 없는 꿈이 되었다.

도움 없이는 한 발짝도 움직일 수 없는 기쿠치 씨에게 외출 기회를 얻을 수 있는 한 가닥 희망의 끈은 돌봄 서비스 보험에서 해주는 서비스다. 그러나 이 또한 현실의 벽이 높았다. 식사 만들기와 화장실 청소, 빨래 등의 서비스를 받고 나면 매달 이용할 수 있는 서비스는 거의 끝이 난다. 물론 돈을 내면 가능은 하지만, 현실적으로 생각할 때 '도우미와 외출하는' 서비스를 추가하는 것은 불가능한 일이었다.

"계절마다 피는 꽃이나 푸르른 나무를 보는 것을 좋아했지요. 밖에 나가서 있는 힘껏 공기를 들이마실 수 있다면 얼마나 기분이 좋을까요?"

기쿠치 씨는 먼 곳을 바라보며 체념한 표정으로 한숨을 쉬었다. 바깥세상이 어지간히 그리운지, 2층에 위치한 방의 창문으로 나무들이 바람에 흔들리는 모습이나 단지 앞의 거리를 지나다니는 행인들을 하염없이 바라봤다.

"아침에는 여기를 지나가는 초등학생들을 보는 것이 즐거움이랍니다."

그날도 초등학생들이 밝은 목소리로 떠들면서 등교했다. 술래잡기를 하면서 뛰어가는 아이들, 장난을 치거나 때로는 싸우면서 지나가는 아이들……. 기쿠치 씨는 그 모습을 조용히 바라봤다. 그날 아침에는 아이들이 놀이를 하면서 지나갔다.

"가위바위보!"

"가, 을, 단, 풍, 놀, 이."

가위바위보에서 가위를 내서 이긴 아이가 이렇게 세면서 폴짝폴짝 뛰어서 앞으로 나아갔다.

"가위바위보!"

"보, 라, 색, 풍, 선, 껌."

이번에는 보를 내서 이긴 아이가 질세라 크게 점프하면서 앞으로 나아갔다. 이렇게 창문 밖으로 보이는 풍경이 기쿠치 씨가 알 수 있는 바깥세상이었다.

"외출이 무리라면 하다못해 베란다라도 좋습니다. 베란다에라도 나갈 수 있었으면 좋겠습니다."

창밖에는 작은 베란다가 있었다. 햇볕이 잘 드는 베란다에 서있기만 해도 참으로 기분이 좋을 것 같았다. 그러나 기쿠치 씨는 혼자서 베란다에 나갈 수가 없었다. 작은 단차가 있어서 넘어질 위험이 있기 때문이다. 고작 유리 한 장이 가로막고 있을 뿐인데 그 너머로 나갈 수 없는 것이 분한지, 그때는 얼굴 표정에 원통함이 묻어 있었다.

"이제 밖으로 나갈 수조차 없다고 생각하면 죽고 싶어질 때도 있지요. 왕진을 하러 오신 의사 선생님한테 이렇게 걷지 못하는 몸이 되다니 베란다에서 뛰어내려 죽고 싶다고 말씀드린 적이 있었어요. 그랬더니 의사 선생님이 '기쿠치 씨의 방은 2층이어서 뛰어내리셔도 안 죽어요'라고 하시더군요. 그 말에 갑자기 웃음이 터져서 서로 한참 웃었습니다. 의사 선생님이 저를 격려해 주시기는 했지만, 죽고 싶다는 건 제 솔직한 본심이었답니다. 그리고 그 생각은 지금도 변함이 없어요."

'밖으로 나가 자유롭게 바깥세상을 구경하고 싶다. 보고 싶은 사람을 만나고 싶다.' 이것은 이제 기쿠치 씨에게 이룰 수 없는 꿈이 되었다. 그러나 언젠가는 기쿠치 씨가 밖으로 나가고 싶다는 작은 꿈을 이루었으면 하는 마음이다. 현실적으로는 그럴 방법이 없음을 알지만, 그래도 그렇게 바랄 수밖에 없었다.

하루의 대부분을 침대 위에서 보내는 기쿠치 씨가 몰두하고 있는 것은 색칠공부였다. 침대 주위에는 색연필로 색칠한 예쁜 그림이 여기저기에 걸려 있었다. 손의 재활을 겸해서 권유 받은 것이 계기였는데, 예쁘게 색칠하는 즐거움에 매료되어 대부분의 시간을 색칠공부를 하면서 보내고 있었다.

"색칠공부에 열중하고 있으면 아무 생각도 들지 않아서 참

노후
파산

좋답니다. 아무것도 안 하고 있으면 자꾸 나쁜 생각만 떠오르거든요."

슬쩍 들여다보니 찻잎을 따는 모습이 그려진 밑그림을 황록색 색연필로 열심히 칠하고 있었다.

"찻잎을 딸 시기의 차밭은 참으로 아름답지요."

기쿠치 씨는 즐거운 듯이 동요 '찻잎 따기'를 부르면서 색칠 공부를 계속했다. 순식간에 1시간이 지나갔다. 아마도 홀로 외롭게 보내는 시간 동안 열중할 수 있는 무엇인가가 필요했을 것이다. 그 열중할 수 있는 대상을 발견한 지금은 조금이나마 평온하게 보낼 수 있을지도 모른다. 기쿠치 씨는 류머티즘의 통증도, 고독도 전부 잊고 열심히 색을 칠하고 있었다.

현재 기쿠치 씨는 휠체어가 없으면 외출이 어렵지만, 언젠가는 자신의 발로 걸어서 '밖으로 나가고 싶다'는 꿈을 버리지 않고 있다. 그러나 전문적인 재활을 받을 기회가 없기 때문에 혼자서 재활을 계속하고 있다.

그녀는 침대 위에서 상체를 일으켜 기둥을 잡더니 "이얍" 하고 기운을 불어넣으며 일어섰다. 그리고 두 발로 서서는 양팔로 기둥을 잡고 구부러진 등을 쭉 폈다. 잠시 그 자세를 유지한 뒤 원래의 자세로 돌아가 숨을 내쉬며 휴식을 취했다. 그리고 다시

아까처럼 몸을 쭉 폈다. 기쿠치 씨는 이런 동작을 몇 차례 반복한 뒤에 "이제 끝"이라며 침대에 누웠다.

"사실 이 재활 운동은 도우미나 간호사가 없으면 위험하니 절대 혼자서 해서는 안 된다고 주의를 받았는데, 빨리 걷고 싶은 마음에 가끔 몰래 혼자서 하지요."

이렇게 말하며 웃는 기쿠치 씨를 보니 참으로 강인한 사람이라는 생각이 들었다.

"언젠가 외출할 날을 위해서 사놓은 게 있답니다."

기쿠치 씨는 테이블 밑에 놓여 있는 상자를 가리켰다. 그리고 손이 닿지 않는 곳에 있는 그 상자를 매직 핸드로 잡아서 끌어왔다. 매직 핸드는 아이들 장난감으로 판매되고 있는 물건인데, 1미터 정도 길이의 막대 끝에 커다란 집게가 달려 있어서 물건을 집을 수 있게 되어 있다. 기쿠치 씨는 이것을 침대에서 손이 닿지 않는 곳에 놓인 물건을 집을 때 이용하고 있었다. 매직 핸드를 능숙하게 조작해 상자를 집고는 손이 닿는 위치까지 상자를 끌어당겼다.

"오오, 성공이네. 왔다, 왔어."

그 상자를 열자 안에는 새 신발이 들어 있었다. 류머티즘에 걸린 발이 아프지 않도록 부드러운 천으로 만든 새하얀 신발이었다. 약 2개월 전에 샀다는 그 신발은 흰색 천에 핑크색 라인이 들어가 있었다. 자랑스럽게 그 신발을 보여준 기쿠치 씨는 "신어 봐야지"라고 말했다. 그러나 부어 오른 발 끝이 좀처럼 신발에 들어가지 않았다. 우여곡절 끝에 간신히 발끝을 집어넣었지만 이번에는 발꿈치 부분이 도무지 들어가지 않았다. 악전고투를 계속하며 어떻게든 신발에 발을 전부 집어넣으려고 했지만 생각처럼 되지가 않았다.

"샀을 때는 잘 들어갔어요. 분명히 신어 봤는데……. 그래, 다시 한 번."

2개월 사이에 증상이 악화되어 심하게 부어 오른 발은 명백히 신발의 사이즈보다 커져 있었다.

"안 되네요……. 이렇게 한심할 때가……. 눈물이 나려고 하네요."

신발은 다시 상자 안으로 들어갔다. 매직핸드를 써서 그 상자를 테이블 밑으로 넣은 기쿠치 씨는 다시 상자를 더 안쪽으로 깊숙이 밀어 넣었다. 상자의 존재 자체를 잊어버리고 싶었는지 매직 핸드도 닿지 않는 곳까지 밀어 넣고는 조용히 한숨을 쉬었다. 신발을 꺼냈을 때의 밝은 표정은 이제 어디에서도 찾아볼 수 없었다.

왜 살아 있는 것이
행복할 수 없는 걸까?

▼
▼
▼
▽

기쿠치 씨의 방에는 벽 곳곳에 남편의 사진이 걸려 있었다. 남편인 유키오(幸夫, 가명) 씨는 3년 전에 간암으로 세상을 떠났다. 침대 정면, 기쿠치 씨와 마주보듯이 걸려 있는 사진은 유키오 씨가 세상을 떠나기 직전의 생일에 찍은 것이었다. 당시 부부는 함께 돌봄 서비스를 받고 있었다.

"이 방에서 찍었답니다. 도우미가 신경 써서 찍어주셨지요."

기쿠치 씨는 부부가 함께 웃고 있는 이 사진이 마음에 드는 모양이었다.

"그이는 술하고 담배를 참 좋아했지요. 한 번은 술을 마시면 안 된다고 의사 선생님께서 말씀하셔서 제가 술을 감춘 적이 있는데, 그걸 기어코 찾아내서는 전부 다 마시기도 했답니다."

유키오 씨의 불단 앞에는 담배가 놓여 있었다.

"담배도 너무 많이 피우지 않도록 제한을 했는데, 저세상으로 가기 직전에 하도 측은해 보여서 일부러 남편의 눈에 띄는 곳에 한 갑을 놓았습니다. 하지만 그이는 결국 그걸 못 본 채 저세상으로 갔지요. 그래서 '이걸 두고 가셨소'라는 의미로 놓은 것이랍니다."

외로움을 많이 탔던 유키오 씨는 생전에 "나는 무조건 당신보다 먼저 죽을 거야. 그러니까 나 죽으면 잘 배웅해줘"라고 입버릇처럼 말했다고 한다. 기쿠치 씨는 남편의 사진을 보면서 불단을 향해 중얼거렸다.

"남겨진 나도 외롭다고요."

기쿠치 씨 부부는 모두 도호쿠 지방 출신이다. 유키오 씨는 1950년대에 일자리를 찾아 상경한 젊은이 중 한 사람이었는데, 동향 사람이 기쿠치 씨와 맞선을 주선해줬다.

"어느 분이 먼저 반하셨나요?"

이렇게 물어보자,

"그야 당연히 그이죠. 저는 처음에는 별 관심이 없었어요"라고 웃으며 대답했다. 남편 이야기를 하는 기쿠치 씨는 참으로 즐거워 보였다.

도쿄에서 결혼 생활을 시작하고 얼마 후 외아들이 태어났다. 유키오 씨는 토목 사무소를 운영하며 가계를 책임졌다. 기쿠치 씨도 그 토목 사무소에서 경리 일을 도우면서 자녀를 키우는 충실한 하루하루를 보내고 있었다. 저녁 반주를 좋아하는 유키오 씨를 위해 기쿠치 씨는 요리 솜씨를 발휘했다. 오징어젓이나 무조림 등 유키오 씨가 좋아하는 음식을 반드시 식탁에 올렸다.

"매일 가족을 위해서 일하느라 수고했다는 마음을 담아서 요리를 했지요."

침대 곁의 테이블에 있는 과자 상자에는 유키오 씨에 대한 추억이 가득 담겨 있었다. 가족이 함께 축제에 갔을 때 찍은 사진, 가족 여행을 갈 때마다 기념으로 찍은 사진……. 셀 수도 없을 만큼 많은 사진이었다.

"그이는 드라이브를 좋아했답니다. 그래서 자동차로 여기저기를 자주 다녔지요."

기쿠치 씨 부부가 30대였을 무렵인 1960년대에는 자가용을 소유한 사람이 그리 많지 않았는데, 유키오 씨는 큰마음을 먹고 자동차를 사서는 여기저기로 여행을 떠났다. 사진에 찍힌 유키오 씨는 다부지고 체격도 좋았으며 위엄 있는 표정을 짓고 있었다. 그리고 그 곁에는 온화하게 웃고 있는 기쿠치 씨가 있었다.

"특별히 기억나시는 여행은 있나요?"

그렇게 묻자 "음, 전부 소중한 추억이라……"라고 말하면서 도호쿠로 낚시 여행을 떠났을 때의 이야기를 시작했다. 유키오 씨의 세대에는 낚시가 취미인 남성이 많다. 유키오 씨도 예외 없이 '낚시광'이었다. 기쿠치 씨는 그런 유키오 씨와 함께 도호쿠의 산속으로 계류낚시를 떠났다. 자동차에서 내려 길 없는 길을 나아가자 멀리서 물이 흐르는 소리가 들렸다. 그리고 갑자기 시야가 확 트이더니 아름다운 수목 사이로 강이 흐르고 있었다. 강물은 바닥이 투명하게 보일 만큼 맑고 깨끗했다.

그리고 기쿠치 씨가 멋진 경치 이상으로 놀란 것은 눈앞에서 잇달아 물고기를 낚아 올리는 유키오 씨의 솜씨였다고 한다.

"낚싯대를 던지면 바로 고기가 잡혔답니다."

기쿠치 씨의 추억 이야기는 끝날 줄 몰랐다.

이 잉꼬부부가 불행에 빠진 것은 만년에 들어서였다. 외아들인 고이치(幸一, 가명) 씨가 세상을 떠났다. 대학을 졸업하고 운송회사에서 일하던 고이치 씨는 남편보다 5년 앞서서 세상을 떠났다. 아직 40세의 젊은 나이였다. 회사에 출근하지 않아 걱정이 된 동료가 집을 찾아갔다가 쓰러져 있는 고이치 씨를 발견했다고 한다.

"무단결근을 할 아이가 아니었어요. 그래서 동료도 빨리 찾아가 보긴 했지만……."

명확한 사인은 지금도 알 수 없지만, 기쿠치 씨는 무리해서 일한 끝에 과로사한 것이 아닌가 생각하고 있다. 고이치 씨는 결혼도 하지 않았던 까닭에 가혹한 근무가 계속되어도 몸의 이상을 발견해줄 사람이 없었는지 모른다.

"이제는 진실을 알 길이 없지만……. 정말 한스럽네요."

기쿠치 씨는 고개를 숙인 채 이렇게 말했다. 효심이 깊었던 고이치 씨는 어렸을 때부터 어머니의 표정이 어두워지면 항상 "엄마 왜 그래?"라며 걱정해줬다고 한다.

"아주 어렸을 때는 '왜 그래'를 아직 제대로 발음하지 못해서 '왜끄때? 왜끄때?'라며 제 얼굴을 들여다봤지요. 참 착한 아이였는데……."

아들의 영정을 바라보던 기쿠치 씨는 눈물을 흘리면서 의외의 말을 입 밖에 냈다.

"저 아이가 너무 불쌍합니다. 낳지 말았어야 했는데……."

기쿠치 씨는 몸이 약해서 10대에 결핵으로 입원을 하는 등 병원을 제집처럼 드나들었다. 의사가 "몸이 약해서 출산은 무리가 아닐까 싶습니다"라고 말했을 정도였다.

"제 몸이 약한 탓에 아들도 튼튼하게 낳지 못했네요. 좀 더 튼튼하게 낳아주고 싶었는데……."

기쿠치 씨는 아들이 일찍 죽은 것은 자신의 탓이라며 계속 책망하고 있었다.

"저 아이한테 면목이 없습니다."

기쿠치 씨는 차오르는 눈물을 억지로 참으며 말했다.

"저 아이는 항상 우리 부부를 돌봐주겠다고 말했지요."

아들이 건강했던 시절, 기쿠치 씨에게 노후에 대한 걱정 같은 것은 전혀 없었다. 혹시 상황이 안 좋아지더라도 아들이 있으니 어떻게든 될 것이라고 생각했다. 둘도 없이 소중한 아들의 죽음은 노후에 의지할 수 있는 사람을 잃어버린 것이기도 했다.

그래도 아들을 잃은 뒤에 절망하지 않고 살 수 있었던 것은 남편 유키오 씨가 있었기 때문이었다. 정신적으로는 물론이고 경제적인 측면에서도 기쿠치 씨를 지탱해줬다. 남편의 연금 수입이 있었기에 생활에 커다란 불편함을 느끼지 않고 살 수 있었다. 자영으로 토목 사무소를 운영했던 유키오 씨의 수입은 월 65만 원 정도의 국민연금이었다. 한편 기쿠치 씨도 역시 65만 원의 국민연금을 받았다. 그래서 두 사람의 연금을 합치면 매달 130만 원이 조금 넘는 수입이 있었다. 사치를 부릴 수는 없어도 고령자 부부가 생활하기에는 충분한 금액이었다고 한다.

그러나 3년 전에 찾아온 남편의 죽음은 그 생활을 하룻밤에 바꿔놨다.

"남편이 세상을 떠나고 나서 경제적으로 어려워진 것은 분명해요."

비단 기쿠치 씨가 아니더라도 부부 중 한 쪽이 먼저 세상을 떠나 홀로 살게 된 순간 노후파산 상태에 처하는 사례는 적지 않다. 동거하는 가족이 사라지면 돌봄 서비스 등을 늘려야 할 때도 많기 때문에 수입은 줄고 지출은 늘어나면서 점점 상황이 어려워지는 것이다.

'부부가 같이 살아도 언젠가는 혼자가 된다.'

이것은 당연한 일이다. 지금도 부부나 부모 자식, 형제 등 고령자끼리 살고 있는 세대는 1000만 세대가 넘는다. 그런 사람들도 **언젠가는 어느 한 명만 남게 된다.** 그때 '의지할 수 있는 돈'과 '의지할 수 있는 사람'이 없다면 노후파산의 위험을 끌어안게 되는 것이다.

"생활은 앞으로 점점 더 어려워지겠지요."

기쿠치 씨는 침대 곁에 있는 작은 옷장의 서랍에서 두루주머니를 꺼냈다. 그 안에는 신용금고의 예금 통장이 들어 있었다.

연금이 들어오는 통장이었다. 2014년 6월의 입금액을 살펴보던 기쿠치 씨의 목소리가 거칠어졌다.

"줄어들었네요. 5000원? 1만 원? 얼마든 간에 제게는 큰돈이에요."

사회보장비 억제가 시급한 과제가 된 정부는 단계적으로 연금액을 인하하고 있다. 기쿠치 씨의 경우는 작년부터 올해까지 연간 금액으로 5만 원 정도가 줄었다. 한편 소비세는 5퍼센트에서 8퍼센트로 상승했고 돌봄 서비스 보험료 등도 인상이 계속되고 있다. 예금을 허는 속도도 빨라질지 모른다.

"아주 천천히 목을 졸라 오네요. 어차피 죽일 거라면 단번에 죽여줬으면 좋겠군요. 이젠 오래 살고 싶다는 생각 따윈 하지도 않으니까요."

평소에 거친 말을 하지 않는 기쿠치 씨가 격앙된 어조로 말했다. '아주 천천히 목을 조른다'는 표현처럼 조금씩, 조금씩 괴로워지고 있는 것이다.

"너무 잔인해. 이런 삶이라면 살고 싶지 않아."

기쿠치 씨도 "살고 싶지 않아"라며 괴로움을 호소했다. 우리는 고령자의 입에서 "살고 싶지 않아" "죽고 싶어"라는 말이 나오는 것을 수없이 목격했다. 왜 고령자가 '살아 있는 것이 행복하다'고 생각할 수 있는 사회를 실현하지 못하는 것일까? 그 해

126
127

결책을 찾아내기 위해서라도 많은 고령자가 노후파산에 몰려 살아갈 기력을 잃고 있는 현실을 직시하는 수밖에 없다. 모든 것은 여기에서 시작된다.

도시에 방치된
노년의 고독

▼
▼
▼

  8월의 어느 날, 기쿠치 씨가 사는 단지에서는 축제 복을 입은 사람들이 오가고 광장에 제등이 걸렸다. 근처의 공원에는 민속 무용 대회를 위한 회장도 마련되었다. 매년 단지에서 열리는 축제였다. 남편인 유키오 씨가 자치 회장이었던 시절에는 기쿠치 씨도 앞장서서 민속 무용 대회를 준비했다고 한다.

  "옛날에는 단지의 큰 행사였으니까요. 가족이 함께 나갔지요. 지금은 어떤지 모르겠네요. 요즘은 지역 간의 유대도 희박해졌다고 하고……."

저녁이 되자 희미하게 축제 음악 소리가 들려왔다. 거리에는 전통 의복을 입은 여성들도 보였다. 조금 걷자 민속 무용 특설 무대가 보였다. 마침 「도쿄 온도(東京音頭)」라는 노래가 흘러나오는 가운데 전통 의복 차림의 중년 여성이 기분 좋게 춤을 추고 있었다. 무대 중앙의 단상에서는 수건을 이마에 질끈 동여맨 남성이 힘차게 큰북을 두드리고 있었다. 축제 회장은 열기로 가득했다.

그리고 무대를 둘러싸듯이 노점이 늘어서 있었다. 달콤한 소스 냄새를 풍기는 야키소바, 새빨간 사과 사탕. 여기저기에서 아이들이 "저거 사줘"라며 엄마를 졸라댔다.

기쿠치 씨도 아들의 손을 잡고 축제를 즐기던 시절이 있었을 것이다. 그러나 지금은 밖으로 나올 수 없기 때문에 멀리서 들리는 소리를 통해 간신히 축제를 접할 수 있었다. 축제날 밤, 기쿠치 씨는 방에서 홀로 텔레비전을 보고 있었다. 흘러간 노래 특집이었다.

"매년 이맘때가 되면 꼭 이 방송을 하지요. 전 이 방송을 참 좋아한답니다."

텔레비전에서는 1980년대의 히트곡인 「빨간 스위트피」가 흘러나오고 있었다. 기쿠치 씨는 멀리서 들려오는 축제 소리를 지우려는 듯이 그 멜로디를 흥얼거리고 있었다.

밤이 되어 텔레비전을 끄자 방 안에 정적이 감돌았다. 슬슬 잠자리에 들 시간이다. 기쿠치 씨는 창가까지 걸어가더니 아침과 마찬가지로 밖을 향해 말을 걸었다.

"나무야, 오늘도 수고했다. 다들 수고했어. 오늘 하루도 참 고마웠단다."

그리고 하늘 위를 올려다보며 큰 소리로 말했다.

"어머, 달이 보이네. 달님이 보이는구나. 달님, 고맙습니다. 얼굴을 보여주셔서 고맙습니다."

창밖을 올려다보니 하얀 보름달이 떠 있었다.

"부탁 하나만 합시다. 베란다에 나가고 싶네요. 베란다에 나가고 싶어요. 도와주면 안 되나요?"

기쿠치 씨는 취재를 하러 온 우리에게 애원했다. 어찌 해야 할지 몰라 망설이자 자신의 힘으로 나가려고 창틀에 손을 걸쳤다.

"알겠습니다. 그러면 천천히 움직이지요."

디렉터와 카메라맨, 음악 스태프까지 남성 세 명이 힘을 합치면 어떻게든 될 것이라 각오를 굳혔다. 보행기가 있으면 베란다의 단차를 넘을 수가 없기 때문에 보행기 없이 나아가야 한다. 한 명이 양손을 잡아서 보행기의 손잡이 역할을 하면서 나머지 두 명이 양쪽 겨드랑이를 떠받쳤다. 이렇게 해서 베란다의 단차 앞까지 가는 데 성공했다.

이제 최대의 장해인 단차를 넘어야 한다. 그 높이는 15센티미터 정도였지만, 류머티즘의 영향으로 손발에 힘이 들어가지 않는 기쿠치 씨는 발을 들어 올리지 못하기 때문에 이 단차를 넘을 수가 없다. 한 명이 양손을 떠받치고 다른 한 명이 오른발을 들어 단차 너머로 천천히 내려놓기로 했다.

"한쪽씩입니다. 천천히 움직이시면 돼요."

오른발이 베란다의 바닥에 닿자 이제 왼발의 차례가 되었다. 이번에는 왼발을 들어 올려서 천천히 베란다에 내려놓았다. 베란다의 바닥에 발이 닿자 난간에 손에 닿을 위치까지 나아갔다. 방 안과는 달리 바깥바람이 기분 좋은지, 기쿠치 씨의 얼굴은 흥분감에 홍조를 띠고 있었다.

"달이 잘 보이네요. 참 예쁘구나……."

매달리듯이 난간을 붙잡고 달을 올려다봤다. 감동에 젖은 눈으로 하염없이 달을 바라봤다.

"고맙습니다. 정말 고맙습니다."

기쿠치 씨는 수없이 고마움을 표시했다. 창문 너머에 있는 베란다로 나온다는, 보통 사람에게는 아무것도 아닌 일이 기쿠치 씨에게는 둘도 없는 소원이었던 것이다. 바깥바람이 뺨을 어루만지며 지나갔다. 계속 그곳에 있고 싶은 듯했지만, 아쉬움을 남긴 채 돌아섰다.

"계속 있으면 여러분도 곤란할 테니 이제 그만 방으로 돌아가지요."

기쿠치 씨는 개운한 표정을 지으며 침대로 돌아갔다.

"누군가와
함께 밥을 먹은 게
대체 얼마 만인지"

▼
▼
▼
▽

     기쿠치 씨에게는 두 달에 한 번, 1시간 동안 '외출'
을 할 기회가 있다. 두 달에 한 번 연금이 지급되는 날 도우미와
함께 신용금고로 예금을 인출하러 가기 위한 '외출'이다. 그러나
돌봄 서비스 보험으로 이용할 수 있는 서비스는 이미 전부 이용
하고 있는 상태이기 때문에 이 외출은 전액 자기 부담(통상적인 돌
봄 서비스는 기쿠치 씨의 경우 10퍼센트 부담)이며, 그 비용은 2만 원 전후
라고 한다. 그래도 기쿠치 씨는 즐겁게 그날을 기다린다. 신용금
고는 도영 단지 바로 옆에 위치한 작은 상점가의 한구석에 자리

하고 있다. 과거에는 매일 같이 드나들던 상점가다.

8월 중순, 짝수 달의 연금 지급일이 찾아왔다. 기쿠치 씨는 이 날을 손꼽아 기다리고 있었다. 취재 스태프는 그날 아침 9시에 기쿠치 씨의 집에 도착했다. 평소라면 아침 식사를 하고 있을 시간이다.

"기쿠치 씨, 안녕히 주무셨어요?"

방으로 들어가자 기쿠치 씨는 다른 날보다 일찍 일어나서 이미 외출용 옷으로 갈아입고 침대에 걸터앉아 있었다. 문득 발을 보니 양말을 신고 있었다. 혼자서 양말을 신은 것인가 하는 생각에 놀라서 물어봤다.

"양말을 혼자서 신으셨나요? 아프지 않으셨어요?"

양말을 신으려면 상체를 깊게 웅크려야 한다. 혼자서 했다면 양말을 신는 동안 통증을 꾹 참았을 것이다. 그만큼 외출이 기다려졌으리라.

"모처럼 외출을 하는데 양말도 안 신고 나갈 수는 없지요."

잔뜩 들뜬 목소리로 대답하는 기쿠치 씨의 표정은 평소보다 더 밝았다. 그러는 사이에 외출을 도와줄 담당 도우미가 찾아왔다.

"날씨가 좋아서 다행이네요. 비가 오면 외출하기가 힘든데 말이지요."

도우미는 여기까지 서둘러 왔는지 땀을 흘리고 있었다.

"그러게요."

기쿠치 씨가 즐거운 표정으로 창문 밖의 하늘을 올려다봤다. 창문을 통해 강렬한 태양빛이 들어오고 있었다.

"슬슬 나갈까요?"

기쿠치 씨는 침대에서 일어나 도우미의 부축을 받으면서 천천히 휠체어로 이동했다. 그리고 안전벨트로 몸을 고정하자 도우미가 신발을 신겨줬다. 그 신발은 외출할 때를 위해 사놓았던 하얀 새 신발이 아니라 오래된 갈색 신발이었다. 이날도 새 신발은 발이 부어 있어서 들어가지 않았다. 이 때문에 조금 낙담하기는 했지만, 그래도 기쿠치 씨의 표정은 밝았다. 여름 햇살을 피하기 위해 모자를 쓰고 두 사람은 밖으로 나갔다.

기쿠치 씨를 태운 휠체어가 엘리베이터에서 내리자 1층 입구가 나타났다. 입구를 지나가면 드디어 바깥이다. 기쿠치 씨의 얼굴에 웃음꽃이 피었다.

신용금고까지는 천천히 걸어도 10분이면 도착하는데, 도중에 큰 공원을 가로지른다. 공원에서는 큰 나무가 울창하게 자란 숲 같은 곳을 지나갔다. 사방에서 매미 우는 소리가 시끄럽게 울려 퍼졌다.

"아, 저건 은행나무네. 저건 서향이고."

노후
파산

기쿠치 씨는 도중에 휠체어를 멈춰달라고 부탁하면서 천천히 여름의 경치를 즐기고 있었다. 웃는 얼굴로 이야기를 나누는 기쿠치 씨와 도우미의 모습을 아무것도 모르는 제삼자가 본다면 틀림없이 산책을 즐기고 있는 모녀라고 생각했을 것이다. 공원을 빠져나오자 작은 상점가가 나왔다. 식당, 청과물 가게, 정육점 등 옛날부터 장사를 계속해온 것으로 보이는 오래된 개인 상점이 줄지어 있었다.

"여기는 제가 매일처럼 장을 보러 왔던 곳이지요. 이제는 조금 사람이 줄었지만 옛날에는 저녁이 되면 굉장히 붐볐답니다."

기쿠치 씨의 이야기에 따르면 20~30년 전에만 해도 이 상점가는 단지 사람들에게 장을 보러 오는 곳일 뿐만 아니라 사교의 장이기도 했다고 한다. 주변 사람들이 이곳에서 만나 세상 돌아가는 이야기를 하거나 서로의 근황을 물었다. 그러나 교외에 대형 슈퍼마켓 등이 줄지어 들어서자 사람들은 서서히 그쪽으로 발길을 돌리고 말았다. **대형 쇼핑몰이 진출한 결과 지역의 개인 상점이 문을 닫을 수밖에 없게 되어 상점가가 유령 거리로 변한 사례는 드물지 않다. 그런 옛 상점가는 유대의 기점이기도 했다.** 이런 식으로 지역 사람들을 연결하는 유대의 끈이 점점 약해지고 있는 것이다.

휠체어를 타고 상점가를 천천히 나아가자 얼마 후 신용금고의 간판이 눈에 들어왔다.

"여기가 늘 이용하는 신용금고랍니다."

기쿠치 씨는 휠체어를 탄 채로 신용금고 안으로 들어갔다. 창구가 두 개밖에 없는 작은 출장소였는데, 기쿠치 씨가 들어오자 안면이 있는 직원이 웃으며 "안녕하세요"라고 인사했다. 그리고 "오늘도 예금 인출 때문에 오셨지요?"라고 확인하고는 예금을 인출하기 위한 신청 용지를 준비해줬다. 류머티즘 때문에 손이 아파서 작은 글씨를 쓰기가 어려운 기쿠치 씨 대신 항상 도우미가 용지를 작성했다.

'80만 원.'

항상 2개월분의 생활비로 80만 원을 인출한다. 도우미가 걱정스러운 표정으로 "이 금액으로는 모자라지 않은가요?"라고 물었지만, 기쿠치 씨는 "괜찮아요"라고만 말했다.

현금이 들어 있는 봉투를 받은 두 사람은 인사를 하고 신용금고를 나왔다. 돌아가면서 다시 상점가를 천천히 지나갔다. 기쿠치 씨에게는 신용금고에서 일을 마치고 집으로 돌아갈 때 항상 들르는 양품점이 있다. 어째서인지 항상 파격 세일을 하고 있는 가게다. '블라우스 5000원' '양말 세 켤레 3000원' '원피스 1만 원' 같은 가격표가 눈에 들어왔다. 생활에 여유가 없어진 뒤로는 옷을 사지 않게 된 기쿠치 씨도 조금만 무리하면 손이 닿을 것만 같은 가격이었다. 그래도 기쿠치 씨가 옷을 사는 일은 거의 없다. 그저 둘러보기만 해도 즐겁다고 한다. 기쿠치 씨는 휠체어를 타고 가게 안을 돌다가 때때로 멈춰서 디자인과 질감을 확인하고 가격표를 본 다음 다시 진열장에 놓았다.

결국 기쿠치 씨는 옷을 사지 않았다.

"마음에 드는 옷이 없었나요?"

이렇게 묻자 짤막한 대답이 돌아왔다.

"사치를 부릴 여유는 없어서요."

양품점에서 나와 조금 걸으니 도시락 판매점이 있었다. 거리 곳곳에서 찾아볼 수 있는 프랜차이즈 체인점이다. 기쿠치 씨는 문득 그 가게 앞에서 멈춰 서더니 "이 도시락, 맛있어 보이네요"라고 말했다. 기쿠치 씨가 가리킨 것은 현관에 걸려 있는 닭 순살 튀김 도시락의 포스터였다.

"이걸 사서 우리 집에서 함께 먹지 않겠어요?"

기쿠치 씨가 우리 취재 스태프에게 제안했다. 마침 정오가 되려는 시점이었고, 거절할 이유도 없었다. 그래서 스태프 세 명과 기쿠치 씨의 도시락을 샀다.

집에 도착하자 기쿠치 씨는 휠체어에서 내려 "영차" 하고 크게 숨을 내쉬며 침대에 걸터앉았다.

"후우, 밖은 참 덥네."

모자를 벗자 얼굴이 발갛게 달아올라 있었다. 그리고 소풍을 마치고 돌아온 어린아이처럼 환하게 웃었다.

"아, 즐거웠다. 역시 밖이 좋네요."

갓 만든 따뜻한 도시락을 열어 닭 순살 튀김을 입에 넣었다. 기쿠치 씨는 기세 좋게 도시락을 먹는 취재 스태프를 싱글싱글 웃으며 바라봤다.

"사실은 닭 순살 튀김 도시락이 먹고 싶었다기보다 이 방에서 모두와 함께 밥을 먹고 싶었답니다. 항상 저 혼자 먹었잖아요."

실제로 기쿠치 씨는 도시락 자체보다 함께 먹는 사람이 있다는 사실이 즐거운지 취재 스태프를 바라보기만 할 뿐 좀처럼 젓가락을 움직이지 않았다.

"도우미로 오시는 분에게도 과자를 먹고 가라고, 차를 마시고 가라고 권해봤지만 규정상 그럴 수 없다면서 사양하더군요. 그러다 보니 이렇게 함께 밥을 먹은 게 대체 얼마 만인지 모르겠어요."

기쿠치 씨가 즐거워하는 모습을 보니 조금은 도움이 된 것 같아 기분이 좋았다.

"근처에 맛있는 라멘집이 있답니다. 배달도 해주니 드시러 오세요."

기쿠치 씨가 이렇게 제안했다. 남편 유키오 씨는 라멘을 참으로 좋아했는데, 그가 즐겨 먹던 간장 라멘의 맛이 그야말로 '일품'이니 함께 먹자는 것이었다. 일품이라는 라멘 맛이 궁금해서가 아니라 기쿠치 씨의 초대가 고마워서 "그러면 라멘을 먹으러 다시 놀러 오겠습니다"라고 약속했다.

급변한 시대에
맞지 않는
사회보장 제도

▼
▼
▼
▼

기쿠치 씨에 대한 취재와 촬영이 끝나고 편집 작업을 막 시작한 9월의 어느 날, 이변이 일어났다. 나는 사실 관계를 확인하고 싶은 것이 있어서 기쿠치 씨에게 전화를 걸었다. 평소에 전화를 걸면 기쿠치 씨는 5초도 되지 않아 전화를 받는다. 침대 곁에 항상 무선 전화기를 놓고 있기 때문이다. 그런데 그날은 좀처럼 전화를 받지 않았다. 외출하는 일도 거의 없으므로 벨소리가 들리면 바로 전화를 받을 터인데, 몇 번을 걸어도 신호음만 계속 들릴 뿐이었다. 나는 '이상하네······'라고 생각하면서도 일단은 도우미와 외출을 했나 보다고 생각했다.

불길한 예감이 든 것은 1시간 뒤에 다시 전화를 걸었을 때였다. 외출을 했더라도 이 정도 시간이 지났으면 틀림없이 집으로 돌아왔어야 정상이다. 그러나 기쿠치 씨는 전화를 받지 않았다. '혹시 방에서 쓰러지신 것은 아닐까?' '아니야, 잠이 들어서 전화를 받지 못하는 것인지도 몰라' 등등 온갖 생각이 스쳐 지나갔다. 결국 걱정을 떨칠 수가 없었던 나는 돌봄 서비스 센터에 전화를 걸어보기로 했다.

"기쿠치 씨는 입원하셨습니다."

왜 입원을 했는지 물어봤지만 담당자는 "개인 정보라 말씀드릴 수가 없습니다"라며 그 이상은 가르쳐주지 않았다.

전화 통화로부터 30분 후, 나는 기쿠치 씨가 입원했다는 병원에 도착했다. 시곗바늘은 오후 7시를 지나가고 있었다. 복도를 걷는데 새근거리는 숨소리와 호흡기를 돌리는 기계 소리가 주위에서 들렸다. 그만큼 조용한 병동이었다. 저녁 식사를 마친 입원 환자들은 이미 잘 준비를 하고 있었다.

"여기가 기쿠치 씨의 병실입니다. 제일 안쪽 침대예요."

커튼을 올리고 안으로 들어가자 기쿠치 씨가 "앗!" 하고 놀라며 일어서려 했다. "아닙니다. 누워 계세요. 걱정이 돼서 문병을 왔습니다"라고 작은 목소리로 말했다. 그러자 기쿠치 씨는 "걱정을 끼쳐서 미안합니다"라고 조용히 대답하고는 미안한 듯이 살짝 웃었다.

자초지종을 들어보니 이날 아침에 도우미가 왔을 때 갑자기 가슴이 조여드는 듯이 괴로워져서 구급차로 병원에 왔다고 한다. 치료를 받은 뒤에는 비교적 용태도 안정되었고 생명에도 별다른 지장이 없다는 이야기를 듣고 일단 안심했다.

그러나 입원은 기쿠치 씨를 더욱 괴롭히게 되었다. 몸 상태가 악화되어 입원한 것을 계기로 기쿠치 씨의 돌봄 서비스 계획을 재검토해 돌봄 서비스를 늘려야 했기 때문이다. 돌봄 서비스의 내용을 결정하는 주체는 케어 매니저, 즉 고령자의 돌봄 서비스 계획을 작성하는 책임자다.

"돌봄 필요도를 변경하려고 생각 중입니다."

케어 매니저는 말했다. 돌봄 필요도는 원칙적으로 1년에 한 번 심사를 하게 되어 있다. 혼자서 걸을 수 있는지, 일상생활을 어느 정도 할 수 있는지, 치매는 없는지 등을 종합적으로 판단해 돌봄 필요도 1부터 5까지 5단계로 구분한다. 기쿠치 씨는 현재 돌봄 필요도 2로, 가장 서비스가 적게 필요한 1의 다음 단계인데 케어 매니저는 돌봄 필요도 3, 즉 한 단계 위로 재검토하려고 생각하고 있었다. 돌봄 필요도 3이 되면 돌봄 서비스를 사용할 수 있는 범위가 넓어지지만 기본요금이 올라가고 서비스가 늘어난 만큼 부담도 커진다. 그렇게 되면 부담을 감당할 수가 없게 되어 단번에 노후파산에 몰릴 위험성도 있다. 그러나 인증이 재검토되지 않아 돌봄 필요도 2가 유지되면 서비스가 부족해서 안심하고 재택 생활을 계속하기가 어려워질 것이다. 기쿠치 씨처럼 돌봄 서비스를 절약하고 있는 사람은 노후파산의 불안감을 안은 채 외줄타기 생활을 계속하고 있는 것이다.

입원한 지 사흘째, 다시 문병을 가자 기쿠치 씨는 침대에서 일어나 옆에 있는 작은 테이블에서 잡지를 읽고 있었다.

"이 발 좀 보세요. 아주 예뻐졌죠?"

기쁜 표정으로 보여준 발은 퉁퉁 부어올랐던 부기가 빠져 있었다. 식욕도 원래대로 돌아왔는지 테이블에 놓인 점심 식사 트레이가 깨끗하게 비워져 있었다.

"2주 정도 후에는 퇴원할 수 있다고 하는데, 사실은 하루라도 빨리 돌아가고 싶네요."

간호사가 24시간 상주해 안심할 수 있는 입원 생활이 쾌적한가 하면 꼭 그렇지는 않아서 정든 집으로 돌아가고 싶다고 말했다. 그리고 그렇기 때문에 더더욱 퇴원 후의 생활을 걱정하고 있었다. 즉 돌봄 필요도 2가 돌봄 필요도 3으로 바뀔 것이냐의 여부였다. 돌봄 필요도 3이 되면 서비스를 늘릴 수 있지만 한편으로 금전적인 부담이 커진다. 그러나 경제적으로는 어려워져도 독거 생활을 유지하려면 어쩔 수 없는 지출이다. 오히려 돌봄 필요도 2를 유지하면서 독거 생활을 계속하기는 더 어려울 것이라고 생각하는 듯했다.

몇 주 후 기쿠치 씨는 무사히 퇴원했다. 그리고 결국 돌봄 필요도 3으로 변경되어 지출이 늘어난 만큼 예금을 헐어 빠듯한 생활을 계속하고 있다. 물론 기쿠치 씨는 예금을 조금이라도 남긴 채로 죽고 싶어 하지만, 예금이 다 떨어지면 그때는 생활보호를 받을 수밖에 없게 된다. 그렇게 되면 의료비와 돌봄 서비스 요금이 면제되므로 서비스를 늘려도 부담이 되지 않는다.

어려운 상황에서도 최소한의 서비스만 받으면서 어떻게든 살아보려고 애쓰는 기쿠치 씨를 바라보고 있으면 왜 지금 도움의 손길을 내밀 수 있는 시스템이 없느냐는 생각이 든다. 기쿠치 씨에게 필요한 것은 충실한 돌봄 서비스인데, 그 돌봄 서비스 비용의 부담이 생활을 궁지로 몰아넣고 있다.

충분히 돌봄 서비스를 받기 위한 제도는 '생활보호 제도'밖에 없다. **노후파산을 미연에 방지하기 위한 제도, 가령 의료나 돌봄 서비스 비용의 감액 또는 면제 같은 사전 대책을 충실히 갖추지 않으면 노후파산 끝에 생활보호를 받는 고령자가 증가하는 사태를 피할 수 없을 것이다.** 사회보장비를 억제하기 위해서도 노후파산에 처하지 않게 하는 제도를 구축해야 하지 않을까?

그런데 현실적으로 봤을 때 국민연금만으로 홀로 노후 생활을 하는 것이 가능할까? 현재의 국민연금은 최대 약 65만 원이다. 생활보호 제도로 독신 고령자에게 지급되는 생활보호비가 130만 원 전후인 것을 생각하면 헌법이 규정한 최저 수준보다 낮은 셈이다.

"고령자는 집을 가지고 있으니까 생활보호 수준하고 같이 놓고 생각하면 안 되지."

이렇게 반론하는 사람도 있을 것이다. 그러나 생활보호 제도에는 집세 등에 대한 '주택 부조'와 생활비 등에 대한 '생활 부조'로 나눠서 보전하는 시스템도 있다. 도시 지역의 생활 부조 금액이 한 달에 대략 80만 원 전후이므로 국민연금을 최대로 받아도 이보다 낮은 셈이다. 요컨대 국민연금만으로 생활하는 사람은 예금 등의 자산이 없으면 생활보호를 받을 권리를 갖게 되는 것이다.

그런데 많은 고령자가 마땅히 누려야 할 권리를 행사하고 있지 않다. '사치는 죄악'이라는 듯이 지출을 아끼며 참고 산다. 생활보호를 받는 것은 '나라의 신세를 지는 것'이라 죄책감을 느낀다고 호소하는 목소리도 많다. 그러나 참고 빠듯하게 살아도 병에 걸리거나 돌봄 서비스가 필요해지면 생활보호를 받을 수밖에 없는 상황이 된다. 앞으로 이런 고령자가 기하급수적으로 늘어날 것이다.

연금 제도 등 사회보장의 토대를 형성하는 제도가 만들어졌던 시대에는 홀로 사는 고령자가 드물었다. **가족과 함께 사는 것이 당연한 시대에 만들어진 제도를 재검토하지 않는 것도 노후 파산 현상을 심각하게 만들고 있는 원인이 아닐까?** 애초에 국민 모두가 연금에 가입하는 국민연금 제도가 만들어진 시기는 50년 이상 전인 1961년으로 거슬러 올라간다. 당시는 3대가 함께 사는 비율도 높아서, 생활비는 가장인 아버지가 벌어 오기 때문에 조부모의 연금은 '용돈' 같은 것이었다.

1980년만 해도 3대가 함께 사는 비율이 60퍼센트에 이르렀지만, 2013년에는 그 비율이 10퍼센트 정도까지 떨어졌다. 요컨대 연금을 '용돈'이 아니라 생활을 위한 주된 수입원으로 삼아야 하는 시대가 된 것이다.

고령자가 부부나 자식 등과 함께 산다면 두 사람의 연금 또는 추가 수입을 합쳐서 생활할 수 있지만, 홀로 생활할 경우는 한 명분의 연금으로 살아야 한다. 이에 대해 메이지 학원 대학의 가와이 가쓰요시 교수는 "국민연금 자체가 어느 정도 가족 시스템이 기능할 것을 전제로 만들어진 제도입니다"라고 말하며 제도에 걸맞지 않은 전제라고 지적했다.

　노후에 홀로 살게 되었을 때 과연 현재 예상 금액보다도 더욱 줄어들 것이 분명한 자신의 연금만으로 살아갈 수 있을까? 이렇게 생각하면 노후에 불안을 느끼는 사람이 많을 것이다. 현재 노후파산을 피할 수 없게 된 고령자를 위해 어떤 구제 조치나 지원이 강구되고 있을까? 이것을 알아두는 것도 조금이나마 노후에 대한 준비가 될지 모른다.

3장

왜
노후파산에
처하는가?

"오래 살면 예금도 바닥이 날 테니
그 전에 죽어버렸으면 좋겠네요."

서서히 다가오는
노후파산의 공포

▼
▼
▼
▼

　　노후파산의 무서움은 아주 서서히 다가온다는 데 있다. 우리가 취재한 많은 고령자는 단번에 파산 상태에 처한 것이 아니었다. 생활고에 빠져 집을 팔거나 예금을 조금씩 헐어서 쓴 끝에 최종적으로 노후파산에 처하고 말았다. 오랜 시간에 걸쳐 압박을 받기 때문에 불안감이나 공포가 장기간 계속된다. 그리고 그 밑바탕에는 '정말 재산이 다 떨어지면 생활보호를 받을 수 있을까? 생활보호를 받으면 살아갈 수 있을까?'라는 의구심이 자리하고 있다. 그래서 가급적 예금을 줄이지 않으려고 아끼

며 살고, 경우에 따라서는 의료비나 돌봄 서비스까지 절약하는
것이다. 그것이 병이 악화되는 등 생명을 위협할 수 있는 절약임
에도 말이다.

우리는 도쿄 도 아다치 구에 있는 도우미 센터를 취재하는 과
정에서 '서서히 다가오는 노후파산'의 전형적인 사례를 소개받
았다. 사람들과 이야기하는 것을 좋아한다는 가와니시 신이치(川
西真一, 가명, 83세) 씨였다. 담당 케어 매니저의 안내로 가와니시 씨
의 집을 찾아갔을 때, 현관 앞 다다미가 깔린 거실에서 가와니시
씨가 우리를 맞이했다. 4평 남짓한 거실 안쪽에는 2.5평 정도의
부엌이 있었다. 예전에 가족과 함께 살았던 집이어서 상당히 넓
었다. 2층은 현재 사용하지 않는다고 한다.

가와니시 씨는 방석에 앉으라고 권하면서 "차 한 잔 드시겠
수?"라며 차를 준비하기 위해 부엌으로 걸어갔다. 그때 조금 다
리를 끄는 것이 마음에 걸렸다.

"다리가 조금 좋지 않아서 말이죠. 걱정할 정도는 아닙니다."

가와니시 씨는 몇 년 전부터 다리 관절이 아파져 장시간 걷지
못하게 되었다. 그러나 돌봄 서비스는 일주일에 한 번만 받고 있
었다. 돌봄 서비스 도우미가 밀린 장보기와 청소 등을 도와주지
만, 일상적인 집안일은 혼자서 해야 한다.

"뭐, 벌써 수십 년째 이렇게 혼자 살아서 이젠 익숙합니다."

목수 아버지를 뒀던 가와니시 씨는 고등학교를 졸업하고 바로 수습 목수가 된 이래 목수 외길을 걸어왔다. 30세에 도편수(우두머리 목수)가 되자 독립해서 일을 받기 시작했는데, 70세가 되었을 무렵에 몸이 말을 듣지 않아 사다리에 올라가지 못한 것을 계기로 은퇴를 결심했다.

가와니시 씨는 50여 년 동안 목수로 일해왔지만 기업의 후생연금은 없기 때문에 현재 국민연금만을 받고 있다. 게다가 보험료를 내지 못한 시기가 있었던 탓에 최대 금액이 아니라 월 60만 원 정도를 받고 있다. 이것이 수입의 전부인 것이다. 당연히 이 돈만으로는 생활을 할 수가 없기 때문에 예금을 헐어가면서 생활하고 있다. 가와니시 씨처럼 **자영업이나 농업 등에 종사한 까닭에 후생연금 없이 국민연금에만 의지하며 노후를 보내고 있는 사람은 독거 생활이 어려울 수밖에 없다.**

최대 65만 원 정도의 수입에서 광열비와 보험료 같은 필수 지출을 하고 나면 수중에는 거의 돈이 남지 않는다. 식비 등의 생활비로 쓰기에는 턱없이 부족하다. 가와니시 씨의 가계부도 항상 적자였다.

가와니시 씨가 어떻게 살고 있는지 알기 위해 냉장고 안을 보여달라고 부탁했다. 그 안에는 달걀과 팩에 담긴 고기, 생선 토막 등 슈퍼마켓에서 사온 식재가 가득 채워져 있었다.

"다리가 좋지 않아 외식을 하러 나갈 수가 없어서이기도 하지만, 역시 돈 문제가 크죠. 직접 만들어 먹는 편이 싸니까요."

저녁 6시가 다가오자 그날의 저녁 식사를 위해 가와니시 씨가 냉장고에서 꺼낸 것은 고등어 토막이었다. 네 토막이 들어 있는 팩 겉면에 2400원이라고 적혀 있었다. 가와니시 씨는 프라이팬에 기름을 두르고 한 토막을 솜씨 좋게 구웠다. 토막을 뒤집자 노릇노릇하게 구워져 있었다.

생선을 굽고 있는 풍로 바로 밑에는 작은 밥통이 놓여 있었다. 보온 중임을 나타내는 오렌지색 램프가 들어와 있었다. 하루 분량을 한꺼번에 지어놓았을 것이다. 불과 5분 만에 저녁 식사가 완성되었다.

'고등어구이(한 토막 600원), 밥, 인스턴트 국(한 봉지 50원)'

이렇게 한 끼 식비를 1000원 정도로 억제하고 있지만 그래도 적자라고 한다. 다른 지출이 얼마나 되는지 지출 내역을 자세히 물어봤다. 그러자 침대 밑에서 상자를 꺼내더니 우리에게 영수증 다발을 보여줬다. 살펴보니 전기 요금과 수도 요금, 가스 요금 등 공공요금의 영수증과 함께 의료비와 돌봄 서비스 비용 영수증도 있었다. 전기와 수도 등 공공요금은 매달 10만 원 정도였고, 한 달 의료비는 통원 치료하는 비용만 5만 원이 들었다.

"이것 말고도 두 달에 한 번씩 항암제 주사를 맞아야 하는데, 그 주사 값이 비싸서 부담이 큽니다."

3년 전에 전립선암이 발견되어 수술을 받은 뒤로 재발을 방지하기 위해 두 달에 한 번 주사를 맞고 있는데, 보험 적용을 받아도 한 번 주사를 맞을 때마다 4만 원 정도를 내야 한다고 한다. 당뇨병 등의 만성병 치료와 함께 주사 비용도 계산에 넣으면 평균적으로 한 달 의료비가 거의 10만 원에 가까워진다.

"만약 암이 재발하기라도 하면 수술비와 입원비가 들어가겠지요. 그렇게 되면 제 예금은 순식간에 바닥이 날 겁니다. 아니, 지금 있는 예금으로 돈을 다 낼 수나 있을지도 알 수가 없네요."

가와니시 씨는 사실 적자를 내지 않고 싶었다. 그러나 의료비를 줄이지 못하는 이유는 만약 암이 재발이라도 하면 그때는 정말 노후파산을 피할 수 없다는 걱정 때문이었다. 그런 까닭에 식비 등을 최대한 아끼며 살고 있음에도 적자를 피하지 못하고 있고, 그 결과 예금이 점점 줄어들고 있는 상황이었다.

전립선암 수술 자체는 성공적이었지만, 가와니시 씨는 수술 후에도 경과를 관찰하기 위해 계속 병원을 찾아가고 있었다. 재발하면 이번에는 치료가 어렵기 때문이다. 병원에 갈 때마다 가와니시 씨는 교통비라도 절약하려고 항상 병원이 운행하는 무료 셔틀버스를 이용한다. 셔틀버스를 타려면 불편한 발로 20여 분을 걸어서 버스 정류장까지 가야 하지만, 그래도 정류장까지 걷는 쪽을 선택한다. 그리고 이때 도움이 되는 것이 고령자 전용 보행기다. 유모차처럼 잡고 밀면서 걸으면 몸이 지탱이 되기 때문에 지팡이 대용이 된다. 게다가 피곤하면 걸터앉아서 쉴 수도 있다. 가와니시 씨는 보행기를 밀며 5분 정도 걷고 잠시 쉬기를 반복하면서 버스 정류장으로 향한다.

"택시를 탈 수 있다면 좋겠지만, 그런 사치를 부릴 수는 없으니 참아야지요."

택시를 타면 편도에 2만 원 정도의 교통비가 들어간다. 왕복이면 4만 원이다. 택시를 이용한다면 몸의 부담을 덜 수는 있지만 예금이 순식간에 줄어들게 될 것이다.

병원에 도착하자 가와니시 씨는 대합실 의자에 털썩 앉았다. 어깨를 들썩이며 가쁘게 숨을 몰아쉬었다. 무료 버스를 이용해서 교통비를 절약하는 만큼 몸의 부담이 컸다.

이름이 불려서 진료실에 들어가자 의사가 가와니시 씨에게 종이 한 장을 보여줬다.

"저번에 받으신 검사 결과가 나왔습니다. 암의 재발 여부는 아직 괜찮아 보이네요."

의사의 진료를 받으면서 복잡한 표정을 짓고 있던 가와니시 씨는 그 말을 듣고 안도의 표정을 드러냈다.

"아직까지 이상이 발견되지 않았으니 평소대로 항암 치료를 계속하지요."

가와니시 씨는 두 달에 한 번씩 비싼 항암제 주사를 맞고 있었다. 암의 재발을 방지하기 위한 치료로, 수술한 지 3년이 지난 지금도 계속 주사를 맞아야 한다. 간단한 문진 후 주사를 맞고 진료실을 나오기까지 걸린 시간은 10분 정도였다. 그러나 가와니시 씨가 창구에서 낸 의료비는 이날만 5만 원이었다.

병원을 나온 가와니시 씨는 약국에 들렀다. 창구에서 건네받은 약봉지에는 10종류 이상의 약이 2주분 들어 있었다. 가와니시 씨는 혈압 약, 위장과 당뇨병 약 등 하루에 10종류 정도의 약을 먹고 있다. 이날 창구에서 낸 약값은 2만 원 정도였다. 진료비와 약값으로 하루 만에 7만 원을 쓴 셈이다.

가와니시 씨는 후기 고령자 의료 제도 대상자(75세 이상)이고 고액 소득자에도 해당되지 않기 때문에 창구 부담은 '10퍼센트'다. 현역 세대가 30퍼센트를 부담하고 있는 데 비하면 부담이 적지만, 그래도 만성병 등으로 지속적인 투약 치료를 받아야 하는 고령자에게는 무거운 부담이 된다. 게다가 일하는 세대와 동거하고 있거나 자영업 등을 해서 일정 이상의 수입이 있으면 30

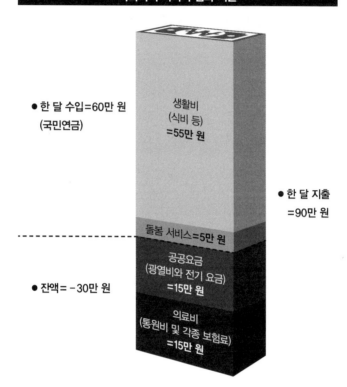

가와니시 씨의 수입과 지출

● 한 달 수입=60만 원
(국민연금)

생활비
(식비 등)
=55만 원

● 한 달 지출
=90만 원

돌봄 서비스=5만 원

공공요금
(광열비와 전기 요금)
=15만 원

● 잔액=−30만 원

의료비
(통원비 및 각종 보험료)
=15만 원

퍼센트 부담을 요구받을 때도 있다. 여기에 암 치료 등의 최신 치료약 중에는 값이 비싼 것이 많아서 1회 치료에 들어가는 부담액이 증가하는 추세다.

의료비를 아끼다가 병이 악화되기라도 하면 입원이나 수술 등으로 지출이 더욱 늘어날 우려가 있기 때문에 의료비는 절약할 수가 없다. 그러나 **의료비를 절약할 수 없어서 계속 지출한 결과 예금이 점점 줄어들어 노후파산에 몰리는 사례가 적지 않다.**

아이러니하게도 노후파산을 해서 생활보호를 받을 수 있게 되면 의료비를 면제받기 때문에 그때까지 받지 못했던 고액의 치료도, 수술이나 입원도 걱정이 없어진다. 생활보호를 받기 전에 일시적으로 일정 금액 이상의 의료비(수입에 따라 다르지만 대략 월 40만 원 이상)를 지급했을 경우 고액 의료비 환급 청구 등의 절차를 통해 초과분을 돌려주는 제도는 있다. 그러나 월 10만 원 정도의 비용 부담에 대해서 면제나 감액을 해주는 제도는 없다. 연금 수입만으로 생활하는 사람에게는 무거운 부담이지만 면제받을 방법이 없는 것이다.

이런 고령자에게 단비와도 같은 존재가 전국 각지에 있는 무료·저액 진료소다. 연수입을 증명할 수 있는 세금 서류 등을 제시하면 의료비를 면제하거나 감액해주는 진료소가 법률에 의거해 설치되어 있다.

약국을 나온 가와니시 씨는 터벅터벅 걸어서 집으로 돌아갔다. 그리고 집에 들어서자마자 거실의 다다미에 주저앉았다. 통원은 몸에도 큰 부담을 주지만, 그래도 현재의 생활을 유지하기 위해서는 꼭 받아야 했다.

가와니시 씨가 항상 앉는 텔레비전 앞의 자리를 보니 페트병이 두 개 놓여 있었다. 가와니시 씨는 이 병에 수돗물을 담아서 마신다. 건강을 위해서도 "물을 많이 마시는 편이 좋다"는 말을 듣고 실천하고 있는 것이다. 노후파산하는 시기를 최대한 늦추고 싶은 가와니시 씨는 '조금이라도 건강을 유지한다면 예금이 줄어드는 것을 막을 수 있지 않을까?'라는 생각에서 매일 같이 건강을 신경 쓰고 있었다. 그는 노후파산하는 시기를 최대한 늦추고 싶다는 바람에서 매일 같이 건강을 신경 쓰고 있었다.

최선을 다해 살아온
평범한 사람들에게 닥친
재앙

▼
▼
▼
▽

      친족이나 지인에게 의지할 수 없을 경우, 노후파산을 극복할 방법은 생활보호밖에 없다. 그런데 생활보호를 받을 때 벽으로 작용하는 것은 예금만이 아니다. 자택 등의 부동산도 벽이 된다. 고령자의 경우 연금 수입은 적지만 자신의 집을 소유하고 있는 사람이 적지 않다. 그럴 경우 자신의 집을 포기하고 싶지 않다는 생각이 강한 까닭에 생활보호를 거부하는 사람도 많다. 목수로 일했던 가와니시 씨도 예외는 아니었다.

    "이 집도 제가 지은 겁니다."

가와니시 씨는 30대에 자신이 도편수가 되어 지은 자택을 여전히 자랑스럽게 여기고 있었다. 아버지가 병으로 세상을 떠난 뒤에도 어머니, 동생과 함께 살아온 추억 가득한 집이다.

가와니시 씨처럼 현역 시절에 열심히 일해서 손에 넣은 집에 살고 있는 고령자가 적지 않은데, 그럴 경우 집이 자산으로 간주되어 설령 수입이 적어도 생활보호를 받지 못하는 사례가 많다. 대부분의 경우 집이나 토지를 매각해 그 돈으로 필요한 서비스를 이용하도록 권유받게 된다. 그러나 이 원칙은 지금 조금씩 완화되고 있다. 집이 오래되었거나 토지의 가격이 매우 낮을 경우는 그 집에서 계속 살면서도 생활보호를 받을 수 있게 되었다. 그런데 이런 사실을 몰라서 꾹 참고 사는 사람이 많다.

'집을 포기하지 않으면 생활보호를 받을 수 없다.'

이렇게 믿고 있는 사람은 살고 있는 자치 단체의 복지 창구를 찾아가 상담을 받아보는 편이 좋다. '재산 가치가 낮다'고 인정받으면 집을 포기하지 않고도 생활보호를 받을 가능성이 있다. 특히 자치 단체 중에는 의료나 돌봄 서비스가 필요해서 생활보호를 받고 싶은 사람의 경우 집에서 계속 살면서 '의료 부조'나 '돌봄 서비스 부조'라는 형태로 의료나 돌봄 서비스 비용에 한해 생활보호를 받을 수 있게 해주는 곳도 있다.

'정든 내 집에서 죽고 싶다.'

이것은 많은 고령자의 바람이다. 그 바람과 생활보호를 양립할 수 있도록 생활보호 제도가 시대의 요청에 맞춰 운영하기 시작한 것이리라.

가와니시 씨에게도 가족에 대한 애정과 장인으로서의 자부심을 담아서 지은 내 집은 포기하고 싶지 않은 '보물'이다. 구석구석까지 가와니시 씨의 철학이 담겨 있는 집이다.

"이 계단의 곡선이 보이십니까? 땅이 좁아도 2층 건물을 지을 수 있도록 제가 궁리한 것이지요."

2층으로 통하는 계단을 잘 보니 곡선을 그리고 있었다. 일직선으로 계단을 만들면 급경사가 되기 때문에 곡선으로 설계했는데, 미묘한 곡률을 계산해 한 치의 흐트러짐도 없이 계단을 만들려면 고도의 기술력이 요구된다는 것이 가와니시 씨의 설명이었다.

"이것도 저번 주에 만들었습니다. 배리어프리(Barrier-free)라나 뭐라나 하는 것도 제가 직접 했지요."

거실과 부엌 사이에 있는 10센티미터 정도의 단차를 없애기 위해 목제 슬로프(경사)를 만들었다. 단차 때문에 넘어지지 않도록 각재를 삼각형으로 가공해 슬로프로 삼았다. 덕분에 휠체어로도 편하게 이동할 수 있게 되었다. 각재의 표면을 줄로 매끈하게 다듬은 것이 전문가의 솜씨를 느낄 수 있었다.

"이런 것은 식은 죽 먹기입니다. 테이블이든 의자든 뭐든 만들 수 있어요."

현관에는 톱과 쇠망치 등의 목공 도구가 소중하게 보관되어 있다. 몸 상태가 좋을 때는 도구를 사용해 집을 개축하거나 가구를 만드는 등 솜씨를 발휘한다. 가와니시 씨의 집에는 목제 선반과 전화대 등 수많은 자작 가구가 있었다. 처음에는 '가구를 살 돈을 절약하고 싶어서인가?'라고 생각했지만, 이야기를 듣다 보니 그렇지 않음을 알았다. 목수였던 가와니시 씨에게는 지금도 '무엇인가를 만드는' 것이 무엇보다 큰 즐거움이자 삶의 보람이었던 것이다.

가와니시 씨가 목수 수업을 받기 시작한 10대 중반은 제2차 세계대전이 막 끝났을 무렵이었다. 아버지 밑에서 목수 수업을 받기 시작했을 당시, 가와니시 씨가 태어나서 자란 도쿄의 거리는 도쿄 대공습으로 잿더미가 되어 있었다. 건물이란 건물은 모조리 불타 잿더미로 변한 고향에서 가와니시 씨는 목수가 되기로 결심했다. 그때 아버지는 가와니시 씨에게 이렇게 말했다고 한다.

"앞으로 일본에는 집과 빌딩이 더 많이 필요해지겠지. 목수가 필요한 시대가 올 게다."

마음속에서 일본 재건에 힘이 되고 싶다는 생각이 샘솟았다. 갓 입문했을 때는 어리숙해서 혼이 나기 일쑤였다. 그래도 20대 중반이 되자 기본적인 지식과 기술을 익혀 '아직 한 사람의 몫을 할 정도는 아니지만 최소한의 일은 할 수 있는' 수준이 되었다. 그리고 30대에 들어서자 그 솜씨를 인정받아 주문이 서서히 늘어나기 시작했다고 한다.

"그 시절에는 정말 정신없이 일했지요. 계속해서 의뢰가 들어왔으니까요. 일본도 그런 시대였고 말입니다."

목수가 집을 짓는 모든 공정을 혼자서 담당하는 것은 아니다. 미장이도 있고 창호 담당도 있다. 그리고 그런 직공들에게 지시를 내리며 전체를 총괄하는 사람이 도편수라고 자랑스럽게 말했다.

도편수로서 일에 매진해온 가와니시 씨는 결혼을 하지 않았다.

"일이 끝나면 동료들과 술잔을 기울였지요. 직공 중에는 술을 좋아하는 사람이 많거든요. 그 시절에는 항상 사람들에게 둘러싸여서 즐겁게 살았는데……."

그렇게 해서 잿더미였던 곳에 도시를 건설하고 일본의 전후 부흥을 이룩해 온 주역이 바로 지금의 고령자들이다. 가와니시 씨도 50여 년 동안 성실하게 일하며 연금을 납부했고 큰 빚을

지지도 않았지만, 그럼에도 지금 노후파산에 처할 것을 두려워하며 불안 속에서 하루하루를 보내고 있다.

열심히 일하며 최선을 다해 살아온 평범한 사람들이 그 보답을 받지 못하고 있다.

이것이 오늘날 일본의 현실인 것이다.

'예금 제로'를 향한
카운트다운이
시작됐다

▼
▼
▼
▼

가와니시 씨는 이미 예금이 다 떨어질 날을 직접 계산하기 시작했다.

"월 30만 원의 적자를 예금으로 메운다고 계산하면 5년 후에는 바닥을 드러낼 겁니다."

앞으로 5년. 그러나 그때까지 가와니시 씨가 지금과 똑같이 독거 생활을 계속할 수 있을지는 알 수 없다. 수술이나 입원 등으로 큰돈이 나가게 되면 '앞으로 5년은 예금으로 버틸 수 있다'는 계산은 완전히 틀어진다. '앞으로 5년'의 의미는 아무리 길게

잡아도 5년 후에는 예금이 제로가 된다는 뜻이다.

예금이 다 떨어졌을 때 의지할 수 있는 친족은 없다. 떨어져서 사는 동생이 있기는 하지만, 그 동생도 고령이고 자신의 생활을 유지하기도 벅찬 상황이다. 가와니시 씨도 동생에게 부담을 주고 싶지는 않다. 요컨대 수중에 남은 예금이 유일한 버팀목인 셈이다.

예금이 다 떨어지면 생활보호를 받을 수 있게 된다. 그러나 제도를 이용하기 위해서는 몇 가지 조건이 있다. 그것이 가와니시 씨를 망설이게 하고 있었다. 첫째는 '집' 문제다. 자치 단체가 일단은 집을 매각해 생활비를 마련하도록 요구하고 있기 때문이다.

"집을 잃을 생각을 하면 역시 마음이 허전해져서⋯⋯."

도쿄 도에서는 보유 주택의 '재산 가치가 낮다'고 인정받으면 집을 팔지 않아도 생활보호를 받을 수 있는 사례가 늘고 있다. 가와니시 씨의 자택도 지은 지 50년이 된 노후한 건물이라 재산 가치는 낮을 것으로 생각된다. 그러나 '최악의 경우'를 생각하고 있을 것이다. 가와니시 씨에게 자신이 지은 집은 인생 그 자체이기 때문에, 그런 집을 잃을 것을 두려워하고 있었다.

집을 가지고 있는 고령자들은 최근 들어 생활보호가 아니라 '리버스 모기지(주택연금)'라는 제도를 주목하고 있다. 리버스 모기지는 자치 단체 등이 집을 담보로 돈을 빌려 주는 제도다. 계약이 만기가 되거나 만기가 되기 전에 소유자가 죽으면 그 집을 매각 처분해 빚을 변제한다. 자치 단체로서는 생활보호와는 달리 사망 후에 자금을 회수할 수 있기 때문에 도입을 적극적으로 진행하고 있다.

한편 이용자 측도 어차피 집을 처분할 바에는 생전에 정든 집에서 계속 살다가 죽은 뒤에 처분하는 편이 낫다. 이와 같이 양쪽에 이익이 되기 때문에 도시 지역의 자치 단체 등은 이 제도를 적극적으로 도입하고 있다. 다만 이 제도를 이용할 수 있는 대상은 자산 가치가 고액, 예컨대 수억 원이 넘는 가격의 집을 소유한 사람으로 한정된다. 집이 노후화되어 자산 가치가 낮으면 설령 그 집에서 계속 살 수 있도록 허락받더라도 생활보호 제도를 이용해 보호비를 수급하며 살게 된다.

가와니시 씨도 리버스 모기지 제도를 하나의 선택지로 생각하고 있었다. 그러나 리버스 모기지로 빌린 돈은 매달 '연금'의 형태로 들어오는데, 만기가 되면 일괄 상환을 해야 한다. 결국 오래 살아서 차입금이 한도액에 다다르면 집을 몰수당해 살 곳을 잃게 되는 것이다.

"저는 오래 살고 싶지 않습니다. 오래 살면 예금도 바닥이 날 테니 그 전에 죽어버렸으면 좋겠네요."

예금이 바닥나는 5년 안에 죽고 싶다는 본심을 털어놓은 가와니시 씨. 지금 알고 있는 선택지 중 무엇을 택하든 살아가고 싶은 생각이 없다고 한다. 지금 그의 앞에는 '살아보자'는 생각이 들게 하는 길이 깔려 있지 않다. 그럼에도 어느 한 길을 선택해서 걸어야 하는 것이다.

의료비 부담이 만드는
노후파산의 악몽

▼
▼
▼
▼

　　　　암의 재발을 방지하려고 통원 치료와 투약을 계속
하고 있는 가와니시 씨는 '생명에 지장이 없는 증상'은 병원에
가지 않고 참고 있다. 그중 하나가 다리 통증이다.

　　"이 다리만 괜찮아도 좀 더 외출을 하고 싶은데, 너무 아파서
이렇게 하루 종일 텔레비전 앞에 앉아 있을 수밖에 없습니다."

　　예전에는 주변을 산책하거나 근처 사는 친구들과 식사를 하
는 등 사교적으로 외출할 기회가 많았다. 그러나 다리의 통증 때
문에 움직일 수 없게 된 뒤로는 외출을 하는 일이 없어졌다.

"3년 전에 전립선암으로 입원을 했을 때 침대에 계속 누워 있었더니 근력도 약해져서 다리가 생각처럼 움직이지 않게 되었습니다."

고령자가 장기 입원으로 하체가 약해져 걸을 수 없게 되었다는 이야기는 들어본 적이 있다. 그러나 일반적으로는 그 후에 재활 훈련 등을 하면 다시 일상생활을 할 수 있게 된다.

가와니시 씨도 정형외과에서 진료를 받으면서 재활 지도 등을 받아왔지만, 언제부터인가 통원을 그만둬버렸다. 처음에는 놔둬도 자연스럽게 좋아질 것이라는 생각에서 절약을 위해 통원을 그만뒀는데, 좋아지기는커녕 오히려 점점 악화될 뿐이었다. 그러나 병원에는 가지 않았다. 통증이 심해졌어도 생명에는 지장이 없다고 생각했기 때문이다.

가와니시 씨는 거실에 앉은 채 움직이려 하지 않았다. 식사를 할 때나 화장실에 갈 때는 다리를 질질 끌면서 이동하지만, 그 외에는 그저 같은 장소에 앉아서 텔레비전을 보고 있었다. '움직이려 하지 않는다'기보다 '움직일 수 없는' 것이었다.

"병원에 가는 편이 좋지 않을까요? 이대로 놔두면 더 악화될지도 모르는데요."

이렇게 권해도 "음, 그렇기는 하죠"라고 대답할 뿐 그리 내키지 않는 기색이었다. '데이 서비스·통원 돌봄 서비스' 등 돌봄 서비스 보험으로도 하체의 재활 훈련을 받을 수 있지만, 가와니시 씨의 경우는 돌봄 서비스 보험으로 이용할 수 있는 서비스를 상한선까지 이용하고 있기 때문에 그럴 수가 없다. 또한 설령 보험을 이용할 수 있더라도 10퍼센트는 본인이 부담해야 하는데, 그렇게 되면 역시 지금보다 부담이 커지게 된다.

결국 부담이 커지는 것을 피하려면 다리의 통증을 참는 수밖에 없다. 이런 결단은 드물지 않다. **많은 고령자가 '생명에 지장이 없으면 병원에는 가지 않는다'는 선택을 당연하다는 듯이 하는 시대가 되어버린 것이다.**

도쿄 도내의 종합 병원에서 간호사나 의료사회복지사에게 이야기를 들어보니 이렇게 말한다.

"그런 분이 굉장히 많아요. 그렇게 대단한 병이 아닌 것을 알면 두 번 다시 오지 않으시지요."

가령 두통이나 요통 등을 호소하며 병원을 찾아와도 진찰 결과 그것이 뇌경색이나 암 등 큰 병 때문이 아님을 알면 경과를 관찰하기 위해 내원 예약을 해놓고도 오지 않는다고 한다. 증상의 악화 등이 걱정되는 환자에게는 병원 쪽에서 연락을 하기도 하는데, 연락이 닿아도 병원에 오지 않는 이유를 물어보면 적당히 얼버무리는 경우가 많다. '돈이 없다'는 사정을 쉽게는 털어놓지 않는 것이다.

"경제적으로 어려워서 병원에 갈 수 없다고 말씀해주시면 함께 대응책을 궁리해볼 수도 있지만, '아픈 게 사라졌다'라든가 '조만간 가겠다'는 식으로 적당히 얼버무리시기 때문에 어떻게 도와드릴 수가 없습니다."

의료사회복지사는 대응의 어려움을 설명한 뒤 경제적으로 어려운 고령자가 늘어났음을 피부로 느끼고 있다고 말해줬다.

"입원한 고령 환자가 '이제 괜찮으니 하루라도 빨리 퇴원시켜주시오'라고 저희에게 부탁하는 경우도 적지 않습니다."

홀로 사는 고령 환자는 퇴원해서 집에 돌아가기가 어려운 경우도 많기 때문에 의료사회복지사가 상담원으로서 개별 대응하고 있는데, **경제 상황이 어려울수록 "그 주사는 필요 없소" "하루라도 빨리 퇴원시켜주시오"라고 호소한다고 한다.** 간호사와 사회복지사는 절약을 위해 치료를 받지 않다가 증상이 악화된 뒤에야 병원을 찾아오는 환자를 보면 '좀 더 일찍 치료를 시작했다면 혼자서도 안심하고 살 수 있으셨을 텐데……'라는 생각이 드는 경우도 적지 않다고 말했다.

절약이 초래하는
'모순'

▼
▼
▼

절약을 위해 암 치료 이외에는 병원을 기피해온 가와니시 씨도 이렇게까지 다리가 안 좋아지리라고는 생각지 못했을 것이다. 자신의 발로 걸을 수 있다면 돌봄 서비스도 그만큼 필요가 없어진다. 결과적으로는 부담도 줄었을지 모른다. 의료비를 절약하려다 증상을 악화시키는 바람에 오히려 돌봄 서비스 비용 또는 의료비 부담을 키우는 결과를 초래한 것이다.

이 '모순'을 강하게 느낀 것은 한여름인 8월에 가와니시 씨의 집을 찾아갔을 때였다. 가와니시 씨는 세찬 빗방울이 지붕의 함석판을 때리는 소리가 시끄럽게 들리는 거실에 평소처럼 앉아서 텔레비전을 보고 있었다. 텔레비전에서는 하계 고교 야구 대회가 중계되고 있었다. 관중석에서 열띤 응원전이 펼쳐지는 가운데 아나운서가 "쳤습니다!"라고 외쳤다. 가와니시 씨는 이 경기를 보면서 작은 목소리로 "쳤나?" "이런……. 점수가 났네"라고 혼잣말로 중얼거렸다.

이제 가와니시 씨는 텔레비전 앞, 거실의 정해진 자리에서 거의 움직이려 하지 않았다. 걷기조차 힘든 상태가 된 것이다. 치료받을 기회를 '절약'한 결과 증세가 악화되어 생활이 더욱 어려워지는 악순환에서 빠졌다. 가와니시 씨를 보면서 어떻게 해야 증세가 악화되기 전에 도울 수 있을지 고민하게 되었다.

우리는 가와니시 씨가 살고 있는 지구의 자치 단체 직원으로부터 가와니시 씨와 비슷한 처지의 또 다른 고령자를 소개받았다. 가와니시 씨의 집에서 도보로 10분 정도 거리에 위치한 목조 연립 주택에서 홀로 살고 있는 야마다 겐고(山田憲吾, 가명, 60대 후반) 씨였다. 야마다 씨를 취재하면서 우리는 그들이 병원에 가려고 하지 않는 이유가 단순히 치료비 때문만은 아님을 알게 되었다. 단순히 의료비 부담만 커지는 것이 아니라 다른 여러 가지 부담도 커지기 때문이었다.

현역 시절에 택시 운전사였다는 야마다 씨는 크고 다부진 몸집이 주는 인상과는 달리 배려심이 많은 상냥한 사람이었다. 이혼한 뒤 홀로 생활하게 되었다고 하는데, 택시 운전사로 일하면서 후생연금을 납부한 덕분에 연금으로 한 달에 120만 원 정도를 받았지만 집세가 40만 원이었기 때문에 나머지 80만 원으로 공공요금과 생활비를 해결해야 했다. 먹고살기도 빠듯한 생활이었다.

"사실은 집세가 45만 원인데, 공용 계단을 제가 청소한다는 조건으로 5만 원을 깎았지요."

야마다 씨가 사는 연립 주택은 옛날에 지은 목조 건물로, 공동 현관에서 신발을 벗고 들어가 계단을 오르면 각 입주자의 방으로 연결되는 복도가 나온다. 그 복도와 계단을 청소하는 조건으로 집세를 할인받았다는 이야기다.

"고작 5만 원이라고 해도 제게는 큰돈이니까요."

야마다 씨는 쓴웃음을 지으면서 말했다. 야마다 씨의 방으로 들어가자 1.5평 정도의 부엌 안쪽에 3평 정도의 다다미가 깔린 거실이 있었다. 화장실은 있지만 목욕탕은 없었다.

"공중목욕탕도 가격이 올라서 이제는 무시할 수 있는 금액이 아닙니다. 이틀에 한 번만 가고 있는데도 매달 6만 원 가까이 나가네요."

거실의 테이블 위에는 컵라면과 빵이 놓여 있었다.

"딱히 좋아서 먹는 건 아닙니다. 돈이 없을 때는 하루에 빵 하나로 버티기도 합니다."

야마다 씨도 식비를 최대한 억제하고 있었다. 집세를 내고 남은 80만 원에서 공공요금과 공중목욕탕 요금 등 필요 경비를 제하면 수중에는 30만 원 정도밖에 남지 않는다. 게다가 이 돈으로 의료비도 내야 한다. 심장에 지병이 있고 하체에 만성 관절통이 있는 야마다 씨는 한 달에 각각 1회씩 병원에 다녀야 하는데, 아직 60대여서 의료비 부담률이 30퍼센트이기 때문에 이것만으로도 치료비가 5만 원 가까이 들어간다. 고령자의 의료비 부담률은 75세 이상의 후기 고령자의 경우 10퍼센트이지만, 야마다 씨처럼 60대 후반인 사람은 현역 세대와 마찬가지로 30퍼센트를 부담해야 한다.

더욱 심각한 점은 시야와 시력이 점점 저하되는 난치병을 앓고 있다는 것이었다. 전문의의 진료가 필요한 난치병인데, 근처에 전문의가 없어서 최소한 사이타마 현의 도코로자와 시까지는 가야 했다. 그러나 혼자서 전철이나 버스를 갈아타고 가려니 심장과 다리에 부담이 가는 탓에 불안감이 있었고, 그렇다고 택시를 이용하려니 왕복에 20만 원 정도가 필요했다. 교통비로만 20만 원을 썼다가는 그 순간 적자 상태에 빠지고 만다. 그래서 한시 바삐 전문의의 치료를 받아야 함을 알면서도 병원에 가지 못하고 있었다.

"병원에 갈 수 있다면 가고 싶습니다. 하지만 현실이 녹록치가 않네요. 앞으로 어떻게 해야 할지 모르겠습니다."

야마다 씨는 힘없이 중얼거렸다.

이 이상 시력이 떨어지면 혼자 생활하기도 어려워진다. 그렇게 되기 전에 생활보호를 받아서 병원에 가는 편이 나을 것이다. 흔히 야마다 씨처럼 120만 원 정도의 연금 수입이 있으면 지원 대상이 되기 어려울 것으로 생각한다.

야마다 씨도 "생활보호를 받고 싶습니다"라는 말을 꺼내기를 어려워하고 있었다. 이렇게 어느 정도의 연금을 받고 있는 사람일수록 지원을 받으려고 하지 않는 까닭에 병이 심각해지면 노후파산에 처하는 경향이 있다.

거꾸로 말하면 연금 수입이 극단적으로 적은, 빈곤한 상황이 뚜렷이 보이는 사람일수록 지원을 받기 쉬운 측면이 있다. 어려운 생활을 하고 있음이 시각적으로 확연히 드러나기 때문에, 본인이 도움을 요청하지 않아도 어려운 생활 자체가 소리 없는 SOS가 되어 생활보호로 연결되는 경우가 많다.

그러나 가와니시 씨나 야마다 씨처럼 **연금 수입이 어느 정도 있는 경우는 병 등이 계기가 되어 서서히 노후파산에 몰리고 있**

음에도 주위 사람들이 지원의 필요성을 깨닫기가 어렵다. 이것이야말로 사회보장 제도의 틈새에서 간과되고 있는 문제점이 아닐까?

홀로 사는 고령자의 경우 특히 '조기 발견·조기 지원'의 필요성이 지적되고 있다. 치매나 병 등이 악화되기 전에 지원하면 고독사 같은 최악의 사태를 피할 수 있기 때문이다. 복지 서비스로 '연결'시킬 수 있다면, 이를 계기로 지역 사회 등에서 유대를 재구축하면서 활기찬 독거 생활을 할 수 있을지 모른다.

그렇다면 어떻게 해야 이렇게 겉으로 봐서는 '알기 어려운', 요컨대 '노후파산 예비군'이라고도 할 수 있는 고령자를 주위 사람들이 깨닫고 지원해줄 수 있을까?

도움을 청하려 하지 않는 고령자 본인의 책임으로 치부하지 말고 지원하는 쪽이 먼저 그런 고령자를 찾아내는 시스템이 필요하지 않을까? 아마도 이것은 우리가 고령자가 되었을 때 우리 자신을 지켜줄 제도로 기능하게 될 것이다.

병은
노후파산에 불씨를 지핀다

▼
▼
▼
▼

많은 고령자가 입을 모아 하는 말이 있다.

"건강한 동안에는 어떻게든 된다."

다소 불편하거나 부자유스럽더라도 몸을 움직일 수 있는 동안에는 살아갈 수 있다는 말을 수없이 들었다. 그러나 몸이 움직이지 않게 되는 순간 노후파산이 찾아온다. 우리는 어느 여성과의 만남을 통해 이 사실을 깨달았다.

옛 번화가의 분위기가 남아 있는 도쿄도 오타 구의 지역 포괄 지원 센터를 취재했을 때였다. 역 앞 상점가를 빠져나가니 오래

된 정육점과 청과물 가게, 생선 가게 등이 나란히 늘어선 서민적인 정취의 거리가 이어졌다. 센터를 방문하자 간호사 자격을 보유한 직원이 우리를 맞이했다.

"이 부근에는 예전에 작은 공장이 많았는데, 그곳에서 일했던 분이 지금도 많이 살고 계십니다. 그런 분들이 지금 홀로 살고 계시는 경우도 많지요."

독거 생활을 할 경우 식생활이 편중되거나 지병이 있어도 약을 제대로 먹고 있는지 알 수 없을 때가 많은데, 그런 상황 속에서 병을 계기로 노후파산에 처하는 사람이 늘고 있다고 한다. 그리고 심장병에 대한 치료비 부담으로 노후파산의 위기에 처한 여성을 소개해줬다. 이미 홀로 생활하기가 어려운 상태에 생활비에도 여유가 없어서 어떻게 지원을 해야 할지 주의 깊게 지켜보고 있다고 한다. "이야기만이라면 들려주실지도 모릅니다"라는 말에 취재를 부탁해보기로 했다.

소개받은 사람은 와타나베 노리코(渡□紀子, 가명)라는 60대 후반의 여성이었다. 우리가 처음 와타나베 씨의 집을 찾아간 때는 무더위가 계속되었던 작년 7월, 오랜만에 비가 내리던 날이었다. 철제 계단을 올라 연립 주택의 2층으로 가자 문이 보였다. 그곳이 와타나베 씨의 자택이었다.

현관 앞에서 우리를 맞이해준 와타나베 씨는 "들어오세요"라고 작은 목소리로 말한 뒤 바로 집 안으로 들어가버렸다. 여기에 이끌리듯이 현관을 들어서자 2미터 정도의 복도가 나타났고, 그 끝에 방이 있었다. 방으로 들어서려고 하는데 와타나베 씨가 "양말 젖지 않았나요?"라고 무뚝뚝하게 물었다. 왜 그런 질문을 하는지 알 수가 없어 대답을 망설이자 "지금 묻잖아요. 양말 젖지 않았냐고"라고 다시 한 번 물었다. "네, 젖지 않았습니다" 하고 대답하자 "그러면 들어오세요"라며 그제야 안으로 들어오게 했다.

방으로 들어간 우리는 와타나베 씨가 왜 그런 질문을 했는지 의도를 이해할 수 있었다. 3평 정도의 방에는 이불이 깔려 있었다. 옷장과 마분지 상자가 사방을 둘러싸고 있기 때문에 앉을 공간은 이불 위밖에 없는데, 젖은 양말로 이불 위를 올라가는 것은 당연히 꺼려질 수밖에 없었다.

"방이 좁지요? 그래서 여기에 앉을 수밖에 없거든요. 게다가 지금의 저는 이불을 치울 힘도 없답니다."

와타나베 씨는 2년 전에 심부전으로 쓰러진 뒤로 심장에서 혈액을 보내는 힘이 약해졌다. "이거 보이시나요?"라며 내민 양 손바닥을 보니 손가락 끝이 거무스름했다. 혈액이 충분히 통하지 않고 있다는 증거였다. 게다가 추운 겨울이 되면 날이 따뜻할 때보다 증상이 한층 심각해진다고 한다.

"집에 있을 때는 손에 피가 잘 통하도록 항상 손을 주물러준답니다."

그녀는 말하는 도중에도 연신 손을 주무르고 있었다.

60세를 넘겨서도 계속 호텔 청소원 일을 계속하던 와타나베 씨는 심부전으로 쓰러진 것을 계기로 일을 그만뒀는데, 퇴직 후 충격적인 사실을 알게 되었다. 회사가 연금 가입을 게을리한 탓에 연금을 받을 수 없었던 것이다.

그러나 어찌 할 방법이 없었다. 결국 '무연금' 상태가 된 와타나베 씨가 의지할 수 있는 것은 예금뿐인데, 쓰러졌을 때 치료비로 쓰는 바람에 현재는 약 3000만 원만이 남아 있었다. 게다가 이 예금에서 매달 집세 40만 원에 더해 생활비와 의료비까지 나간다. 이 점을 생각하면 머지않아 바닥을 드러낼 것이라는 불안감을 느끼고 있었다.

"제일 곤란한 건 병원에 갈 때의 택시비랍니다. 병원에 안 갈 수는 없는데, 그렇다고 해서 전철이나 버스를 타고 가기는 무리라서요."

잠깐 몸을 움직이며 걷기만 해도 호흡 곤란에 빠지는 와타나베 씨가 산소호흡기를 부착한 채로 전철이나 버스를 타고 병원에 가기는 불가능하다. 산소호흡기를 외출용 캐리어에 넣으면

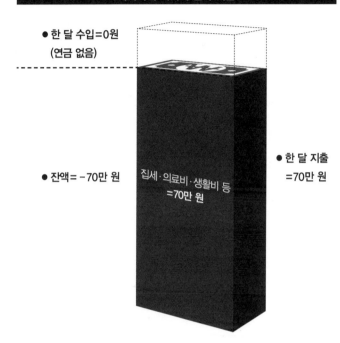

와타나베 씨의 수입과 지출

● 한 달 수입＝0원
(연금 없음)

● 잔액＝ -70만 원

집세·의료비·생활비 등
＝70만 원

● 한 달 지출
＝70만 원

5~6킬로그램은 나가기 때문에 그 무게가 팔을 짓누른다. 그것을 운반하는 것은 도저히 불가능한 일이었다. 택시를 이용해 병원에 가는 것도 위험천만하기는 마찬가지다. 연립 주택의 계단을 내려가는 것 자체가 목숨을 건 행동이기 때문이다. 무거운 캐리어를 들고 15단이나 되는 계단을 내려가야 택시를 탈 수 있는데, 자칫 굴러 떨어지기라도 한다면 단순히 골절 정도로 끝나지 않을 것이다. 또한 병원에서 돌아와 계단을 오르는 것도 심장에

는 큰 부담이 된다.

택시 요금은 왕복 4만 원 정도다. 3000만 원가량 남은 예금으로 생활하는 와타나베 씨에게 이 지출은 '비명을 지르고 싶을 만큼 뼈아픈 타격'이라고 한다.

집세를 절약하고 싶다며 이사할 곳을 알아보고 있는 와타나베 씨에게 도영 단지의 입주자 모집 전단을 보여줬다. 그러나 도영 단지는 도내 곳곳에 흩어져 있어서, 빈 집이 나오더라도 현재의 연립 주택보다 병원에서 멀리 떨어진 곳이라면 이사하기가 어렵다. 한편 민간 임대주택의 경우, 1층이고 조건이 괜찮아 보이는 곳은 아무리 저렴해도 월세가 50만 원이 넘어갔다.

"지금 집세 40만 원도 힘든데 50만 원은 무리예요. 역시 아무 데도 못 가겠네요……."

계단을 오르지 않아도 되는 집으로 이사하고 싶다는 와타나베 씨의 바람은 이뤄질 것 같지 않았다.

도대체
어디에서 살라는 말인가?

▼
▼
▼

고령자의 주거는 노후를 어떻게 보내느냐에 따라 다양화되고 있다. 가령 정부가 정비를 진행하고 있는 '서비스 부가형 고령자용 주택'은 와타나베 씨처럼 집에서 홀로 생활하기 어려워진 사람도 안심하고 살 수 있는 고령자 전용 임대주택이다. 비용을 치르면 식사도 가져다주며, 관리인이 24시간 상주하면서 지켜봐주기 때문에 입주 희망자가 늘고 있다.

그러나 특별 양호 노인 복지 시설처럼 의사와 간호사, 도우미가 상주하고 있어서 의료와 돌봄 서비스를 안심하고 받을 수 있는 곳과는 차이가 있다. 또 특별 양호 노인 복지 시설은 고령자의 수입에 따라 부담해야 할 비용이 정해지기 때문에 연금 수입이 적은 사람도 안심하고 이용할 수 있지만, 서비스 부가형 고령자용 주택은 민간 임대주택이어서 의료나 돌봄 서비스가 필요할수록 비용이 증가한다. 그런 서비스를 늘리면 요금이 비싸지기 때문에 수입이 적은 고령자는 입주하기가 어렵다.

여기에 유료 노인 복지 시설도 잇달아 건설되고 있다. 이런 유료 노인 복지 시설은 '돌봄 서비스'를 내세우고는 있지만 건강한 고령자를 위한 메뉴에 더 충실한 곳이 많다. 자산이나 수입이 있는 고령자를 타깃으로 삼고 있는 시설에는 수영장과 노천 목욕탕 등의 부가 시설이 당연하다는 듯이 설치되어 있다.

또한 식사도 양식과 일식 중에서 선택할 수 있는 등, 건강한 동안에 쾌적한 노후를 보내고 싶어 하는 사람을 위한 서비스를 충실히 갖추고 있다. 시설에 따라서는 입주할 때 일시금으로 수억 원이 필요한 곳도 있으며, 여기에 월 200만 원을 웃도는 이용료가 필요하다. 자신의 집을 가지고 있는 사람이라면 그 집을 팔고 시설에 입주하는 선택지도 있지만, 어쨌든 현금이나 자산이 없으면 입주하기가 어려운 것이다.

정부도 연금 수입이 충분하지 않은 저소득 독거 고령자가 급증하고 있는 현실에 입각해 특별 양호 노인 복지 시설을 증설하

고 있다. 그러나 시설 증설이 독거 고령자 증가세를 따라잡지 못해 대기 희망자가 50만 명이 넘는 상황이 계속되고 있다.

특히 시설을 수용할 공간이 심각하게 부족한 도시부의 자치 단체에서는 비교적 저렴한 돌봄 시설(저비용 노인 복지 시설, 케어 하우스 등)을 늘리고 있지만, 그래도 대기 희망자가 넘쳐나는 것이 현실이다. 이와 같이 공급되는 공적 시설이 부족하기에 민간의 '서비스 부가형 고령자용 주택'이나 '유료 노인 복지 시설'이 늘어나고 있는 것인데, 어차피 수입이 없는 사람에게는 그림의 떡과도 같은 선택지다. 요컨대 저소득 고령자를 위한 주택 시책은 공급이 현재의 수요를 따라잡지 못하고 있다.

연금 수입이 없는 와타나베 씨의 경우도 예금을 헐면서 생활을 유지하고 있는 현재의 상황에서는 '주거'의 선택지가 거의 없다. 게다가 현재의 연립 주택에서 계속 살든 저렴한 도영 단지로 이사를 가든 언젠가 예금이 바닥나 노후파산에 처할 수밖에 없다. 그렇게 되면 생활보호를 받으며 케이스워커가 알선해주는 곳으로 이주해야 한다. 결국 생활보호를 받으며 살 수 있는 주택에도 임대료의 상한선이 있기 때문에 자신의 의견에 상관없이 '주거'가 결정되는 것이다.

홀로 사는 고령자의 집에서는 검은 휴대용 라디오를 흔히 볼 수 있다. 와타나베 씨의 연립 주택에도 벽에 휴대용 라디오가 항상 걸려 있었다. 텔레비전이 없는 와타나베 씨에게는 라디오만이 뉴스나 정보를 접할 수 있는 유일한 경로다. 양친은 세상을 떠났고, 친척과도 관계가 끊어진 지 오래다. 친구라고 할 수 있는 사람도 거의 없어서, 방문자라고는 때때로 찾아오는 도우미 정도다. 라디오만이 사회를 볼 수 있는 창인 것이다.

"애초에 라디오를 좋아해서 텔레비전을 잘 안 봤지요. 이것 보세요. 옛 정취가 느껴지지 않나요?"

수십 년이나 전에 구입한 이 라디오는 최근에 고장이 나서 한 채널밖에 전파가 잡히지 않게 되었다. 그러나 라디오를 새로 살 수도 없었다.

"라디오 하나에 얼마나 한다고 안 사느냐고 생각하겠지요. 하지만 지금의 저는 그것조차 살 수 없을 만큼 생활이 어렵답니다."

'노후의 행복은 돈에 달렸다'라고도 할 수 있는 현실…….

돈이 있으면 라디오를 새로 살 수 있을 뿐만 아니라 돌봄 서비스도 충분히 받을 수 있고 주거도 선택할 수 있다. 그리고 이런 다양한 서비스를 통해 사회와의 '유대'를 가질 수가 있다. 그러나 **'돈이 없기' 때문에 서비스를 받지 못하고, 정보 역시 뒤처져 고립으로 이어지는 것이다.**

연금으로 살 수 있는
공공주택이 부족하다

▼
▼
▼
▼

심장병을 앓아서 연립 주택의 계단을 오르내리는 데도 목숨을 걸어야 했던 와타나베 씨는 병이 있어도 안심하고 살 수 있는 주거지를 계속 찾고 있었다.

"도영 단지에 입주 신청을 해보려고 합니다. 그래서 이번에 상담회에 가 보려고요."

와타나베 씨가 보여준 상담회의 전단지에는 구민 센터에서 도영 단지 입주 희망자를 대상으로 설명회를 연다는 내용이 적혀 있었다.

상담회가 열리는 날. 우리는 아침 9시에 와타나베 씨의 연립주택을 찾아갔다.

"걸어서 갈 건데, 저는 걷는 데 시간이 걸리니 1시간 전에는 와주셔야 해요."

와타나베 씨가 신신당부를 했기 때문이었다. 와타나베 씨의 자택에서 역 근처에 위치한 구민 센터까지는 보통 사람의 걸음이라면 10분 정도 걸릴 거리이지만, 와타나베 씨의 경우는 아무래도 그 두 배는 걸릴 것으로 생각되었다. 그날 와타나베 씨는 화장도 하고 옷도 격식을 차려서 멋지게 입었다.

드디어 출발하려는 순간, 와타나베 씨의 표정은 긴장감으로 굳어 있었다. 먼저 현관까지 산소호흡기가 들어간 캐리어를 끌고 간 다음 경사가 급한 계단을 내려가야 한다. 게다가 이 날은 가랑비가 내리고 있어서 계단이 미끄러웠다. 철제 계단이 비에 젖어서 건강한 젊은이도 자칫하면 미끄러질 수 있을 정도의 상태였다. 취재 스태프는 만에 하나 와타나베 씨가 넘어지더라도 밑에서 받을 수 있도록 먼저 계단을 내려갔다.

"걱정 말고 내려오세요."

그러자 와타나베 씨는 캐리어를 한 단 내린 다음 자신의 몸도 한 단 내려오는 식으로 신중하게 계단을 내려왔다. 도중에 잠시 멈추더니 호흡을 가다듬기 위해 심호흡을 하고, 1분 정도 쉰 뒤에 결심한 듯이 다시 계단을 내려오기 시작했다. 드디어 계단을 다 내려온 와타나베 씨는 "하아, 하아……" 하고 거칠게 숨을 몰아쉬었지만, 그래도 쉬지 않고 캐리어를 끌며 걷기 시작했다.

"건강했을 때는 매일 걸어서 근처로 장을 보러 갔는데, 지금은 이 모양이네요."

10분 정도 걷던 와타나베 씨는 도로변에 있는 버스 정류장 간판 앞에서 갑자기 멈춰 섰다. 처음에는 버스를 타려는 것인가 생각했는데 그렇지가 않았다. 아까보다 호흡이 더 거칠어진 것이, 움직일 수 있는 상태가 아니었다.

"괜찮으신가요?"

걱정스러운 마음에 말을 걸었지만 대답하기조차 괴로운 듯 아무 말 없이 하늘을 바라봤다. 그리고 몇 분이 지났을까,

"미안합니다. 걱정을 끼쳐서……."

와타나베 씨는 면목이 없다는 듯 말하고 다시 걷기 시작했다. 역이 가까워진 탓인지 행인이 늘어났다. 상점가의 인파를 헤치며 계속 걷자 드디어 목적지인 구민 센터가 보였다. 보통 사람보다 두 배 이상 시간이 걸렸지만 그래도 늦지 않게 도착했기 때문에 시작 시간까지 벤치에서 여유롭게 쉴 수 있었다.

상담회가 시작되자 주최 측에서 도영 단지에 입주하는 방법과 조건 등을 설명했고, 와타나베 씨는 때때로 메모를 하면서 진

지한 표정으로 설명을 들었다. 아니, 와타나베 씨뿐만 아니라 참석자 모두가 진지함 그 자체였다. 도영 단지의 경우 소득에 맞춰 집세가 설정되어 있어서 연금 수입이 적은 고령자는 집세가 10만 원 정도에 불과할 경우도 있다. 집세가 저렴하면 그만큼 식비 등 다른 지출을 늘릴 수 있기 때문에 입주를 희망하는 고령자가 급증하고 있다.

와타나베 씨도 그런 고령자 중 한 명이다. 조금이라도 집세가 저렴한 도영 단지에 하루빨리 이주하고 싶어 했다. 도영 단지의 입주자 모집은 몇 개월 뒤에 시작된다. 조금이나마 희망이 생겼는지, 회장을 떠나는 와타나베 씨의 표정이 평온해졌다.

회사를 위해
온몸 바쳐 일한 결과는
파산이었다

▼
▼
▼
▼

와타나베 씨는 결혼을 하지 않은 채 60세가 넘어서까지 호텔에서 35년 동안 일하다 몇 년 전에 퇴직했다.

"이래 보여도 옛날에는 친구가 많았답니다. 할 말은 하는 성격이라 상사하고 아웅다웅한 적도 많았지요……."

와타나베 씨가 일한 곳은 도쿄 도내의 작은 비즈니스호텔이었다. 주된 업무는 청소였는데, 일손이 적었기 때문에 프런트의 사무도 겸무했다.

"방의 청소와 시트 교환을 담당했답니다. 호텔에 묵으면 복도에서 종종 마주치는 아주머니가 있지요? 바로 그 아주머니들이 하는 일을 했지요."

체력적으로 힘든 일이었다. 야근을 하고 몇 시간 뒤에 새벽부터 다시 근무한 적도 적지 않았다. 그럴 때는 직원 전용 수면실에서 몇 시간을 쉰 다음 다시 일터로 복귀했다고 한다.

이렇게 필사적으로 사는 사이에 결혼도 하지 않은 채로 나이를 먹게 된 와타나베 씨는 어느 날 혼자서 살아가는 수밖에 없다고 각오를 굳혔다. 그리고 일에 몰두하며 앞만 보고 달려가다 심부전 발작으로 쓰러졌다.

"어쩌면 지금의 병도 그때 무리한 것이 쌓인 결과인지 모르겠네요……."

과로가 원인인지는 알 수 없지만, 와타나베 씨가 심부전으로 쓰러지자 회사는 일방적으로 해고를 통보했다.

"회사를 위해 인생을 바쳤는데 그렇게 헌신짝 버리듯이 내치다니……. 그게 어찌나 분하고 또 원통하던지……."

눈에 고여 있던 눈물이 넘쳐서 뺨을 타고 흘러내렸다.

퇴직금도 받지 못한 와타나베 씨는 그때까지 꾸준히 모아놓았던 예금만으로 의료비와 이후의 생활비를 해결해야 하는 신세가 되었다. 게다가 회사가 연금에 가입하지 않은 탓에 연금도 받지 못하게 되었다. 회사에 35년 동안 속아왔던 것이다.

와타나베 씨는 일을 시작했을 무렵에 연금과 관련해 회사에 문의한 적이 있었다. 회사가 연금을 적립하고 있는지, 장래에 연금을 받을 수 있는지 불안해서였다. 그때 회사에서 "제대로 하고 있으니 걱정 안 하셔도 됩니다"라는 답변을 들었기 때문에 안심하고 있었다고 한다.

그리고 현재, 와타나베 씨의 수중에는 3000만 원 정도의 예금이 남아 있다. 생활보호를 받지 못한 채 언젠가 예금이 다 떨어질 것이라는 공포와 싸우며 살고 있다. 그런데 아이러니하게도 예금이 바닥을 드러내면 생활보호를 받게 되어 의료와 돌봄 서비스를 안심하고 받을 수 있게 된다. 바꿔 말하면 생활보호를 받지 않고 자신의 힘으로 살아보고자 애쓰는 고령자들은 노후를 안심하고 살 수가 없는 것이다.

어렵게 살고 있는 고령자들이 생활보호를 받을 수밖에 없는 상황이 되기 전에 그들에게 도움의 손을 내밀 수 있다면 많은 사람이 구원받을 수 있을 것이다. 궁지에 몰린 고령자들이 구원받는 사회가 실현된다면 '늙어간다는 공포'나 '늙어가는 것에 대한 죄책감'이 조금은 줄어들지도 모른다.

"까마귀가
나의 유일한 친구입니다"

▼
▼
▼
▽

　　　　　　　　　　노후파산에 몰리는 고령자가 사회적으로도 고립되
어가는 현실……. 경제적으로 어려운 상황에 처한 고령자가 '유
대의 빈곤'에도 빠지는 모습을 취재 현장에서 많이 목격한다.

　　유대의 빈곤을 떠올릴 때마다 생각나는 남성이 있다. 도타 구
에 있는 도영 주택에서 홀로 살고 있는 80대 남성이다. 그 남성
은 아내와 사별하고 자식도 없기 때문에 돌봄 도우미의 지원을
받으면서 생활을 계속하고 있었다. 연금은 월 100만 원 정도였
지만 집세와 생활비, 의료비 등을 내고 나면 여유가 없는 생활이

었다.

"저는 말입니다, 이렇게 이야기할 상대조차 없습니다. 그러다 보니 왠지 기쁘네요."

취재를 위해 방문하자 손님이 왔다는 사실만으로 기뻐서 어쩔 줄 몰라 하며 우리를 맞이했다. 그리고 이야기에 열중해 순식간에 30분이 지났을 무렵이었다. 집 밖에 이상한 기운이 느껴졌다. 창문 밖의 베란다에서 뭔가 기척을 느낀 순간, 귀청이 찢어질 것 같은 소리가 들렸다.

"구구구구."

"까악, 까악."

놀라서 베란다로 향하자 베란다에 있었던 새들이 일제히 날개를 퍼덕이며 하늘로 날아가는 모습이 보였다. 그리고 도망가지 않은 채 남아 있는 까마귀 몇 마리가 베란다를 점령하고 있었다.

"제 친구들입니다. 비둘기와 참새, 까마귀들이지요. 항상 새들과 이야기를 나눕니다."

베란다를 보니 바닥에 쌀알이 가득 뿌려져 있었다. 베란다의 창은 새를 볼 수 있도록 항상 반쯤 열려 있었다.

"오늘은 기분이 어떠니?"

웃으며 까마귀에게 말을 걸던 남성은 까마귀의 짝을 보자,

"너희 결혼한 거니?"라며 즐거워했다.

그러나 이웃 사람들은 그 새들 때문에 피해를 받고 있는지 새가 들어오지 못하도록 베란다 주위에 망을 둘러쳐놓고 있었다. 베란다에서 물러나자 10분도 지나지 않아서 다시 새들이 돌아와 시끄럽게 울어댔다.

"구구구구."

"까악, 까악."

평소에 거리를 걷다가 새의 울음소리를 들었을 때는 그다지 신경이 쓰이지 않았다. 그러나 바로 곁에서 수많은 새가 일제히 울어대니 상당히 시끄러웠다.

"시끄럽지 않으신가요?"

"사실은 시끄러워서 좋습니다."

대화 상대도 없이 홀로 사는 남성에게 유일한 친구라는 까마귀들. 평범하게 사는 사람들에게 난감한 존재일 수 있는 그 까마귀들에게 말을 걸면서 외로움을 달래고 있다고 한다.

이렇게 까마귀를 불러 모으는 바람에 지역 주민들에게 경원당하고 있다는 느낌조차 들었지만, 그래도 그는 상관하지 않았다. 그럴 일은 없을지도 모르지만, 까마귀 대신 그의 집을 찾아와줄 사람이 나타난다면 까마귀에게 말을 거는 행동도 없어질지 모른다.

남성은 취재 스태프의 질문 하나하나에 성실하게 대답하고, 때로는 샛길로 빠지기도 하면서 즐겁게 이야기를 계속했다. 즐겁게, 기쁘게 이야기를 계속하는 남성을 상대하면서 '고립'되는 것의 무서움을 엿보았다.

구조 신호를 보내지 않고
홀로 사는 고령자들

▾
▾
▾
▾

　　정부는 시설이 아니라 정든 집에서 요양하며 노후를 보낼 있도록 재택 의료와 재택 돌봄 서비스를 확충한다는 방침을 세우고 있다. 그래서 만성병이 있거나 몸에 불편이 있어도 재택 요양을 하는 사람이 늘고 있다. 그러나 홀로 살면 주위 사람들의 관심이 잘 닿지 않기 때문에 증상이 악화되어도 발견되지 않거나 혹은 발견되더라도 경제적인 이유로 병원에 가지 않는 사람이 적지 않다. 그 결과 중병으로 발전해 병원으로 실려가는 사례가 줄을 잇고 있다.

시끄러운 사이렌을 울리면서 붉은 등을 켠 구급차가 들어온다. 도쿄 시나가와 구에 있는 메이지 대학 병원의 구명 구급 센터에는 심폐 정지로 의식 불명에 빠진 환자 등 위중한 응급 환자가 24시간 내내 이송된다.

구급 센터의 대합실에서 기다리고 있으니 센터장인 미야케 야스후미(三宅康史) 의사가 신문을 들고 급한 걸음으로 다가왔다. 신문에는 고온장애로 쓰러지는 고령자가 급증했다는 기사가 실려 있었다. 회의실로 들어가자 미야케 의사는 그 기사를 가리키면서 고령자에게 고온장애가 얼마나 무서운 병인지 이야기하기 시작했다. 마침 무더위가 계속되던 8월이어서 고온장애로 실려 오는 고령자가 끊이지 않는 시기였다.

고온장애에 관한 이야기가 일단락되기를 기다려 노후파산에 관해 취재를 하고 싶다고 말을 꺼냈다. 그러자 미야케 의사는 크게 고개를 끄덕였다.

"그 문제도 점점 심각해지고 있습니다."

구급 센터로 이송되는 고령 환자 중에는 '중증이 될 때까지 의료 기관에 가지 않았던 사람'이 적지 않은데, 이들 가운데는 연금 수입만으로 생활하는 사람이 많다고 한다. 이미 손을 쓸 수 없을 만큼 심각한 상태로 병원에 실려 오는 경우도 늘어나고 있으며, 최악의 경우는 구명 조치를 취할 시기를 놓쳐 목숨을 잃기도 한다는 것이다. 이 중에는 좀 더 빨리 치료를 했다면 증상의 악화를 막을 수 있었을 것으로 생각되는 사례도 있어서 노후파산이 끼치는 심각한 악영향을 엿볼 수 있었다.

또한 만에 하나 생명을 건진다 하더라도 치료비나 입원비를 낼 능력이 없는 고령자도 늘고 있어서, 병원의 의료사회복지사는 자치 단체와 연계해 생활보호 절차를 돕는 등 기존에는 없었던 업무까지 대응해야 하는 상황이 되었다고 한다.

특히 가장 대응이 어려운 대상은 '성명 미상'의 환자다. 갑자기 발작 등으로 쓰러져서 의식이 없는 상태로 실려 온 환자의 경우, 홀로 살고 신분증을 가지고 있지 않으면 본인 확인이 불가능하다. 노후파산 직전에 몰려 돈이 궁한 사람일수록 의료나 돌봄 서비스를 참고 살기 때문에 어디에도 '연고'가 없다. 이름을 모르면 가족이 있는지도 확인이 불가능하며 자산이 있는지도 조사할 방법이 없다. 요컨대 생활보호를 받도록 도울 수도 없다는 말이다.

구급 현장에서도 노후파산에 몰린 환자가 급증하는 상황이 심각해지고 있었다. 우리는 현장에서 무슨 일이 일어나고 있는지 밀착 취재하기로 했다.

아침 9시. 메이지 대학 병원의 구명 구급 센터에서는 스태프

미팅이 시작되었다. 벽에 붙어 있는 커다란 모니터에는 응급 이송된 중증 입원 환자에게 이변이 일어나면 바로 알 수 있도록 모든 환자의 심전도가 표시되어 있었다. 그 옆의 모니터에는 환자 한 사람 한 사람의 몸 상태와 그들에게 실시한 처치, 약의 양 등이 표시되어 있었으며, 의사와 간호사, 약사 등이 이것을 보면서 향후의 방침에 대해 이야기를 나눴다.

"약의 양을 조금 더 줄여봅시다."

"○○○ 처치도 추가해보지요."

구급차로 실려 온 중증 환자는 며칠에서 몇 주 동안 센터에서 치료를 받은 뒤에 용태가 안정되면 일반 병동으로 이동하고, 회복이 순조로우면 퇴원해서 집으로 돌아갈 수 있다.

"현장을 살펴보시겠습니까?"

미팅이 끝나자 센터장인 미야케 의사는 우리를 먼저 처치실로 안내했다. 그곳은 구급차에서 환자가 직접 이송되는 곳으로, 수술대처럼 생긴 침대가 두 개 놓여 있었다.

"이곳으로 구급차의 침대차가 들어오면 먼저 구명 조치를 실시하지요."

그 다음에 환자가 이송되는 방으로 향하자 입구에 자동문이 있었다. 대규모 구명 치료 전용실이었다. 침대가 10개도 넘게 있었는데, 모두 한시도 눈을 뗄 수 없는 환자들이었다. 고령자가 특히 많았고 인공호흡기를 달고 있는 환자도 적지 않았다. 미야케 의사는 고령의 남성 환자 앞에서 멈춰 섰다.

"이 분은 도호쿠에 사는 분인데, 친구하고 도쿄로 놀러 왔다가 쓰러지셨습니다. 친구가 함께 있었던 덕분에 즉시 응급 이송되어 목숨을 건졌고 신원도 확실히 알 수 있어서 다행이었습니다."

70대로 보이는 그 남성은 홀로 살고 있었고 연금이 월 100만 원에 미치지 못했기 때문에 치료비를 낼 수 있을지 불확실한 사례였다. 친족과는 거의 왕래가 없어서 무슨 일이 생기면 친구가 신병 인수인이 된다고 한다.

"이런 사례는 요즘 드물지 않습니다. 솔직히 저희가 목숨을 구했더라도 환자를 받아줄 사람이 아무도 없을 경우는……."

미야케 의사는 여기까지 말하고 마른 침을 꿀꺽 삼켰다. 그리고 표현을 고르는지 잠시 뜸을 들인 뒤 다시 입을 열었다.

"목숨을 구한 것이 진정으로 그 환자를 위한 일이었는지 고민이 될 때도 적지 않습니다."

구명 구급 현장에서는 어떤 사정이 있든 생명을 구하는 것이 최우선 과제다. 그렇기에 눈앞에 있는 환자의 생명을 구하려고 필사적으로 노력한다. 그러나 치료를 받고 목숨을 건진 환자를 바라보며 심정이 복잡해질 때가 있다고 한다. 한 명의 의사로서,

한 명의 인간으로서 '목숨을 구한 것이 진정으로 이 사람에게 행복한 일인지' 확신이 들지 않는다는 것이다.

가족이나 친구가 있으면 앞으로의 치료 방침에 관해 이야기를 나누고 연명 치료를 받는다는 선택지도 있을 것이다. 그리고 목숨을 구하면 자신이 살아 있음을 기뻐할 것이다. 그러나 가족도 친구도 없고 신병 인수인이 되어줄 사람도 없는 환자, **목숨을 건지더라도 돌아갈 곳이 없는 환자가 의식도 없이 호흡기로 간신히 생명을 유지하고 있는 모습을 보면 생명을 구한 것이 과연 옳은 선택이었는지 확신이 들지 않을 때도 있다는 말이었다.**

"돈이 있는 사람이라면 신병 보증인을 대행해주는 기업과 계약할 수도 있겠지요. 아니, 애초에 돈이 있는 사람은 친족을 찾기도 수월하지만요."

미야케 의사는 재산이 있는 사람의 경우 상속을 받을 권리가 있는 친족이 알아서 찾아올 때도 많다고 씁쓸한 표정으로 말했다.

노후파산 직전에 몰려
아사 상태에 빠지는 사람들

▼
▼
▼
▼

    구명 구급 센터에서 밀착 취재를 하던 어느 날, 놀라운 현장을 목격했다. 핫라인 전화를 받은 의사의 표정에 긴장감이 흘렀다.

    "지금 70대 남성이 이송되고 있습니다. 자세한 용태는 알 수 없지만, 상당히 쇠약한 상태인 모양입니다."

    의사와 간호사 몇 명이 처치실로 달려가 환자를 받을 준비를 서둘렀다. 얼마 후, '삐뽀삐뽀' 하고 사이렌 소리가 들렸다. 의사 등은 처치실의 문을 활짝 열어서 언제라도 침대차가 들어올 수 있도록 준비했다. 이윽고 구급차의 뒷문이 열리고 침대차가 운반되었다. 그 위에는 그야말로 뼈와 살밖에 없는 것처럼 보일 만큼 앙상하게 마른 고령의 남성 환자가 누워 있었다. 피부는 갈색으로 변색되어 있었다. 의사들은 열심히 피부를 세정하면서 주사를 놓는 등 처치를 실시했다.

"아마 목욕도 오랫동안 못했을 겁니다. 그래서 처지를 실시할 때 병균이 들어오면 위험하니 몸을 세정한 겁니다."

치료가 끝나고 대기실로 돌아온 담당 의사가 이렇게 설명했다. 병의 원인은 자세한 검사를 해봐야 알 수 있지만, 역시 영양실조 증상이 보인다고 한다. 환자를 이송한 구급 대원은 집이 쓰레기장 같은 상태였다고 보고했다. 방에 악취가 진동했다는 것이다. 우리는 훗날 좀 더 자세한 이야기를 들을 수 있었다.

남성은 홀로 사는 것이 아니라 누나, 남동생과 함께 살고 있었다. 누나와 남동생은 1층에 살고 이 남성은 2층에 살았는데, 평소 서로의 생활에 간섭하지 않았다고 한다. 남성의 방이 쓰레기장과 같은 상태가 되었어도, 목욕을 하는 것 같지 않아도 내버려뒀던 것이다. 이날은 남성이 극도로 쇠약해져 있는 걸 보고 뭔가 이상함을 깨달은 누나가 긴급 신고를 했다고 한다.

이것은 비단 이 남성 환자만의 특수한 사례가 아니다. 설령 **가족과 함께 살더라도 대화조차 하지 않는 '실질 독거' 고령자가**

늘고 있다. 병에 걸려도 방치되는 것이다. 게다가 여기에서 한 발 더 나아가 병을 앓는 가족에게 폭력을 행사하거나 의도적으로 식사를 주지 않는 등 학대를 하는 사례도 늘고 있다.

그러나 가족이 있으니 안심해도 된다는 선입견 때문에 주위에서 눈치를 채기가 어렵고, 가족이 타인의 개입을 거부해 오히려 해결을 어렵게 만들기도 한다. 수입에 여유가 없기 때문에 서로 돕고자 형제가 함께 살아왔을 터인데……. 노후파산은 가족의 관계까지도 망가뜨리고 있는지도 모른다.

미야케 의사는 증상이 심각해질 때까지 참지 말고 한시라도 빨리 도움을 요청해야 한다고 호소했다.

"연금만이 수입의 전부인 고령자 등은 생활에 여유가 없기 때문에 병원에 가려고 하지 않거나, 가고 싶어도 가지 못하는 경우가 많습니다.

하지만 병원 측도 그런 고령자가 생활보호를 받을 수 있도록 돕는 등 다방면으로 협력하고 있으니 어떤 일이 있어도 치료만큼은 받으셨으면 합니다. 삶을 포기하지 않는 사회가 되었으면 좋겠습니다."

노후파산에 몰린 고령자가 의료를 멀리 하고야 마는 현실을 현장에서 목격해온 의사의 심정이 절절히 느껴졌다.

병원에서 시설로 이어지는
노인 표류

▼
▼
▼
▼

　　　　상태가 심각해질 때까지 병원에 가지 않다가 응급 이송되어 생사의 갈림길에서 간신히 목숨을 건진다……. 다케다 도시오(武田敏男, 가명, 70대) 씨도 노후파산에 몰려 그런 경험을 한 남성이다.

　다케다 씨가 구급차에 실려 온 곳은 요코하마 시의 주택가에 있는 우시오다 종합 병원이었다. 연금 생활을 하는 노인이 많은 지역에 위치한 병원으로, 고령자가 환자의 절반을 차지한다. 병원에는 같은 계열의 노인 보건 시설이 병설되어 있어서 치료를 마친 뒤에 재활 훈련 등을 하며 요양할 수 있다. 다케다 씨는 그 시설에 입소했다.

우시오다 병원을 취재하게 된 계기는 저소득자를 대상으로 '무료·저가 진료' 사업을 전개하는 전 일본 민주의료기관 연합회(민의련)에 사업 내용을 가르쳐달라고 연락한 것이었다. 민의련은 전국에 가맹 병원 등의 사업소를 1800개 가까이 보유하고 있으며, 각 현의 여러 사업소에서 무료·저가 진료를 실시하고 있다.

무료·저가 진료는 앞에서 소개했듯이 의료 기관이 고령자 등의 저소득자에게 무료(또는 수입에 따라 저렴한 요금)로 진료를 해주는 사업으로서, 법률로 규정되어 있다. 그 사업에 관한 취재를 부탁하자 우시오다 종합 병원을 소개해준 것이었다. 병원의 의료사회복지사에게 이야기를 들어보니 돈이 궁한 환자가 늘어나서 수술비나 입원비를 낼 능력이 없다는 등의 상담을 자주 받고 있다고 한다.

"지금도 퇴원한 뒤에 갈 곳이 없어서 난감한 상황에 처한 분이 계십니다."

의료사회복지사는 병원에 병설된 노인 보건 시설로 우리를 안내했다. 그곳에서 만난 고령자가 다케다 씨다. 식당 의자에 앉아서 텔레비전을 보고 있던 남성을 향해 걸어간 의료사회복지 사는 "이 분이 다케다 도시오 씨입니다"라고 소개했다.

"이야기를 들려주실 수 있겠습니까?"

정중히 부탁하자 다케다 씨는 말없이 고개를 끄덕이더니 곁에 놓여 있는 보행기를 잡고 일어섰다. 보행기가 없으면 걷지 못하는 다케다 씨는 돌봄 필요도 4로 지정되어 있었다.

"다케다 씨는 반년쯤 전에 병원으로 실려 와서 그대로 입원하셨습니다. 그리고 퇴원한 뒤에 이쪽 시설로 옮겨 와서 체력을 회복하고 있는 단계지요."

곁에 있던 시설의 담당자가 가르쳐줬다. 다케다 씨는 고혈압과 당뇨병 등 몇 가지 병을 앓고 있어서 지난 해 1년 동안 다섯 번이나 입원과 퇴원을 반복했다. 홀로 살다 보니 기껏 입원해서 치료를 받아도 퇴원을 하면 건강과는 거리가 먼 생활을 하는 탓에 금방 상태가 악화된다고 담당자가 말했다. 연금 생활을 하느라 경제적으로 여유가 없는 것이 원인이었다.

과거에 회사원이었던 다케다 씨는 후생연금을 받고 있어서 연금 수입이 한 달에 120만 원 정도다. 그러나 집세 35만 원을 내면 85만 원이 남고, 당뇨병 등의 만성병을 앓고 있어서 매달 15만 원을 의료비로 지출해야 한다. 여기에 입원비 등의 지출까지 있으면 음식을 살 돈조차 부족해 물만 마시며 버틸 때도 있다고 한다. 이번에 실려 왔을 때는 앙상하게 마르고 대화도 할 수 없을 만큼 쇠약해진 상태였다.

"머리가 아파도 돈이 없으니까 병원에 갈 수가 없습니다. 먹을 것도 사야 하고 광열비도 내야 하니까요. 그러니까 그저 아픔을 참는 수밖에 없습니다."

다케다 씨는 면목이 없다는 듯이 작은 목소리로 말했다. 다케다 씨가 홀로 살면서 불안함을 느끼는 것은 취사 등 식사 준비였다. 돌봄 필요도 4이면 돌봄 서비스 보험을 이용할 수 있을 터이지만 다케다 씨는 그럴 수가 없었다.

돌봄 서비스 보험을 이용하려면 이용자인 고령자 자신도 매달 4만~5만 원 정도(저소득자는 보험료가 경감된다)의 보험료를 내야 하는데, 생활이 어려웠던 다케다 씨는 보험료를 체납한 적이 있었다. 이렇게 체납을 하면 본래는 '10퍼센트'였던 부담금이 '30퍼센트'로 늘어나는 페널티가 부과된다. 그렇게 되자 다케다 씨로서는 도저히 부담감을 감당할 수가 없어서 결국 돌봄 서비스를 이용하지 못했다.

이와 같이 돈에 쪼들리는 사람일수록 돌봄 서비스 보험의 보험료를 체납하기 쉽고, 그 결과 돌봄 서비스 보험의 서비스를 이용하지 못해 몸의 상태 등이 악화되는 악순환에 빠지는 일이 적지 않은 것이다.

"한심한 이야기이지만 돌봄 서비스 보험료도 내지 못했습니다."

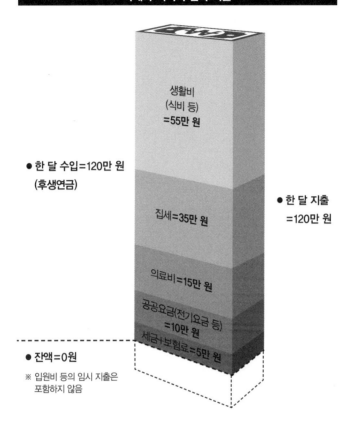

다케다 씨의 수입과 지출

생활비
(식비 등)
=55만 원

● 한 달 수입=120만 원
(후생연금)

● 한 달 지출
=120만 원

집세=35만 원

의료비=15만 원

공공요금(전기요금 등)
=10만 원

세금+보험료=5만 원

● 잔액=0원
※ 입원비 등의 임시 지출은
포함하지 않음

다케다 씨는 고개를 푹 숙였다. 당뇨병과 고혈압, 심장에도 불안이 있었던 다케다 씨는 몸을 제대로 움직이지 못하기 때문에 컵라면이나 빵으로 식사를 했다. 그리고 결국은 그런 음식도 살 수 없게 되어 응급 이송된 것이었다.

풍요로워진 오늘날에도 뉴스 등을 통해 사람이 굶어 죽었다는 슬픈 소식을 듣는다. 다케다 씨도 그럴 가능성이 있었다고 생각하면 목숨을 건진 것은 정말 행운이었다고 할 수 있다. 그러나 이것은 결코 뉴스에서나 보고 들을 수 있는 남의 일이 아니다. 다케다 씨는 지극히 평범한 회사원이었으며 어디에서나 볼 수 있는 평범한 인생을 살아온 사람이었다. 그런데 지금은 노후파산의 위기에 몰려 있다.

다케다 씨는 홋카이도에서 태어나 고등학교를 졸업하고 몇 년 동안 자위대에서 근무하다 대형 제빵 회사에 취직했다. 지금 받고 있는 연금은 자위대와 제빵 회사에서 일했을 때 부은 것이다. 제빵 회사에서는 공장의 제조 라인에서 일했다. 그래서 지금도 빵을 무엇보다 좋아한다. 노인 보호 시설에 입소한 까닭에 빵을 사러 갈 수 없다고 서글프게 호소하는 다케다 씨에게 어떤 빵을 먹고 싶은지 물어봤다.

"단팥빵이 먹고 싶습니다."

다케다 씨에게는 시설로 문병을 오는 사람도 없었다. 구급차에 실려 오기 전에 다케다 씨는 요코하마 시내의 연립 주택에서 홀로 생활했다. 아직 일하던 시절에 이혼한 뒤로는 아내나 자녀와 일절 연락을 하지 않았다. 그리고 은퇴한 뒤에는 친하게 지내는 친구도 없이 홀로 살아왔다고 한다.

천장을 바라보며 단팥빵을 먹고 싶다고 말하는 다케다 씨는 편의점에서 파는 1000원짜리 단팥빵이 좋다고 말했다. 단팥빵을 사 달라고 부탁할 사람도 없었음을 깨달으니 다케다 씨가 겪었을 외로움이 뼈저리게 느껴졌다.

며칠 뒤, 편의점에서 단팥빵을 사서 시설로 향했다. 그리고 중앙의 식당에서 텔레비전을 보고 있던 다케다 씨에게 단팥빵을 내밀었다.

"고맙습니다."

이때 처음으로 다케다 씨의 웃는 모습을 볼 수 있었다. 다케다 씨는 "소중한 선물이니 나중에 방에서 먹겠습니다"라며 단팥빵 봉지를 열려 하지 않았다. 그저 기쁜 듯이 단팥빵 봉지를 들고 있었다.

다케다 씨는 사실 시설을 나와서 집으로 돌아가고 싶어 했다. 요코하마 시내에 있는 집세 35만 원의 연립 주택이다. 그러나 의사와 노인 보호 시설의 담당자는 집으로 돌아가도 생활이 어려울 것으로 판단하고 있었다. 그 근거 중 하나는 초기 치매 증상이 나타나기 시작한 것이다. 치매 때문에 금전 관리가 어려워져 연금을 계획적으로 사용할 수 없는 상태가 되어가고 있었다.

그러나 노인 보호 시설은 재활 등이 끝나면 퇴소해야 한다. 장기간 머물 수 있는 시설이 아니다. 집으로 돌아가지 못하고 시설에서도 나가야 하는 다케다 씨는 갈 곳을 찾아야 하지만, 좀처럼 찾을 수가 없었다. 문제는 비용이었다. 민간 유료 노인 복지 시설을 찾아보니 빈자리가 있는 시설은 한 달에 150만 원 정도를 내야 했다. 연금 수입이 120만 원인 다케다 씨로서는 감당할 수 있는 금액이 아니었다.

"생활보호를 신청해서 부족한 금액을 메우는 수밖에 없을지도 모르겠습니다."

시설의 담당자는 연금 120만 원에 수십만 원의 생활보호비를 더했을 때 입주가 가능한 곳을 찾기 시작했다. 홀로 생활하는 고령자의 연금 수입을 분석하면 월 100만 원 이하인 사람이 300만 명으로 절반 가까이를 차지한다. 다케다 씨가 받고 있는 월 120만 원은 이를 웃도는 금액이다.

물론 연금 수입은 적지만 예·저금에 여유가 있는 사람도 있을지 모른다. 그러나 연금 수입만으로 입소할 수 있는 공적 시설이 부족한 것이 결과적으로 생활보호 대상자를 늘리는 한 원인이 되고 있지 않느냐는 생각이 들었다.

시설의 직원들은 자치 단체와 협의해 다케다 씨가 생활보호를 받을 수 있도록 신청했다. 그리고 2개월 뒤, 노인 보건 시설의 담당자로부터 연락이 왔다.

"다케다 씨가 무사히 생활보호를 받게 되었고, 새로운 유료 노인 복지 시설도 찾았습니다. 본인도 만족하면서 쾌적하게 지내고 계십니다."

우시오다 종합 병원과 노인 보건 시설의 담당자는 오늘도 다케다 씨처럼 갈 곳이 마땅치 않은 고령자를 위해 동분서주하고 있다.

"노후에 살 곳이 없어서 고생할 줄은 꿈에도 생각하지 못했습니다."

다케다 씨는 허망하게 말했다. **오늘날은 병이나 부상 등을 계기로 노후파산에 처하면 내일 머물 곳을 찾아서 '표류'해야 하는 시대다.**

4장

지방의 노후는
생존을 건
싸움이다

"가난뱅이는 죽으라는 건가······."

'풍요로운 농촌 생활'은
존재하는가?

▼
▼
▼
▼

    흔히 노후파산을 도시 지역의 독거 고령자들 사이에서만 확산되고 있는 현상이라고 생각하기 쉽다. 그러나 지방에서도 도시와 마찬가지로 독거 고령자가 늘어나고 있다는 데이터가 있다.

  게다가 지방은 1인당 연금 수입액이 도시보다 크게 적다는 점을 고려하면 도시 못지않게 노후파산의 확산이 심각할 것이라고 추측할 수 있다. 그럼에도 눈에 잘 띄지 않는 이유는 농가가 많고 자연이 풍부한 농촌은 돈이 없어도 자급자족으로 먹고살 수 있는 환경이기 때문이다.

그런데 취재 결과, 농가의 경영이 점점 힘들어지고 있는 가운데 지방에서도 노후파산 현상이 물밑에서 확산되고 있음을 볼 수 있었다. 생활 빈곤자를 지원하고 있는 '생활과 건강을 지키는 모임 전국 연합회'의 아키타 현 연합회를 취재하면서 우리는 농촌 지역에서 심각해지고 있는 노후파산의 실태에 대해 자세히 들을 수 있었다.

"도쿄와는 다릅니다. 지금 농가는 농업만으로 먹고살 수가 없습니다. 또한 농업을 그만둔 뒤에도 연금만으로는 생활이 불가능해서 다들 고생이 이만저만이 아닙니다."

쌀과 채소의 가격은 저렴한 수입 농산물의 영향으로 계속 떨어지고 있고, 반대로 농경 기계의 연료비와 비료 가격 등은 꾸준히 상승하고 있다. 그런 탓에 생산을 할수록 적자를 보는 실정이다.

"현장을 직접 취재해주십시오."

이런 강한 요청에 우리는 2014년 여름, 7월 말에 아키타 현 내륙의 농촌을 찾아갔다. 차창 밖에는 푸르른 논이 펼쳐져 있었고, 그 너머에는 짙은 녹색의 산이 이어져 있었다. 우리는 그 아름다운 전원 풍경에 넋을 잃었다.

"확실히 여름에는 참 살기 좋지요. 문제는 겨울입니다. 이 주변은 눈이 3미터에서 5미터까지 쌓이거든요."

우리를 안내해준 담당자는 이렇게 말했다. 아키타 현의 내륙은 눈이 많이 내릴 뿐만 아니라 겨울 추위가 매섭다. 그런 탓에 겨울이 되면 난로 등의 난방비가 한 달에 30~40만 원은 기본으로 들어간다. 또한 지붕에 쌓인 눈도 치워야 하는데, 홀로 사는 고령자처럼 자신이 직접 눈을 치우기가 어려워 업자나 지인에게 의뢰할 경우 1회 작업에 수십만 원 정도의 비용이 들어간다. 이 대설 지대는 쌀을 재배하는 농가가 많은 '아키타코마치(일본의 쌀 품종 중 하나)'의 마을로도 유명하다.

아름답게 펼쳐진 논밭을 보고 있자니 풍요로운 경치 속에서 노후파산이 확산되고 있다는 사실이 도저히 믿기지 않았다. 그러나 현실은 참으로 잔인했다.

"지방에는 가족과 함께 사는 사람이 많을 것이라고 생각하기 쉬운데, 일하는 세대가 일자리를 찾아 농촌을 떠나기 때문에 고령화율이 높고 그 결과 독거 고령자도 증가하고 있습니다."

전국 각지의 자치 단체에서 홀로 사는 고령자의 실태를 조사해온 메이지 학원 대학의 가와이 가쓰요시 교수는 이렇게 지적했다. 가와이 교수가 특히 문제시하고 있는 것은 도시 지역보다 지방의 연금 수입이 더 적다는 점이다. 농가가 많은 야마가타 현에서 실시된 조사에 따르면 홀로 사는 고령자 가운데 수입이 생활보호 수준을 밑도는 사람은 50퍼센트가 넘는다. **농가의 대부분은 밭이나 집을 소유하고 있기 때문에 언뜻 어렵게 살고 있는 것으로는 보이지 않는 경우도 많다. 그러나 청취 조사에서는 "미래가 없다"며 장래에 대한 불안감을 호소하는 목소리가 많았다.**

제2차 세계대전 직후의 식량난을 극복하고 "온 국민을 배불리 먹이고 싶다"며 자부심을 갖고 쌀농사를 계속해온 농가 사람들. 그 농촌에서 어떻게든 자력으로 살아가려 하는 농가 사람들이 노후에 불안을 느끼고 "미래가 없다"라고 호소하는 시대.

노후파산의 현실은 도시 지역뿐만 아니라 지방에서도 확산되고 있었다.

농촌에
노후파산이 확산되고 있다

▼
▼
▼
▼

80세를 넘긴 지금도 농업을 계속하고 있는 요시다 마사루(吉田勝, 가명) 씨는 2층집에 홀로 살고 있다. 커다란 들보가 있는 훌륭한 집이었는데, 요시다 씨의 이야기로는 겨울에만 이 집에서 산다고 한다. 농한기에는 산에서 내려오고, 봄이 되면 산 위로 올라가 밭 근처의 집에서 산다는 것이다. 그 산의 정상 부근에는 과거에 요시다 씨의 할아버지가 개척한 밭이 펼쳐져 있는데, 여름에는 그곳에서 무와 딸기 등을 재배한다.

"단가가 계속 떨어지고 있어서 비료 값 등을 고려하면 적자입니다."

그러나 요시다 씨는 적자가 나고 있음을 알면서도 농업을 포기하지 못한다고 한다. 밭일을 좋아하기 때문이다. 그래서 월 60만 원이 조금 넘는 국민연금으로 농업의 적자를 메우면서 농업을 계속하고 있었다.

주위 사람들은 심장에 지병도 있는 요시다 씨를 걱정해 밭일을 그만두고 생활보호를 받으라고 말하지만, 그에게 농업은 10대 시절부터 계속해온 삶의 보람이기에 그만둘 수가 없었다.

"지금은 의지할 수 있는 사람이 없습니다. 아내는 노인 복지 시설에 있지요."

자녀가 독립한 뒤 요시다 씨는 아내와 서로 의지하며 살아왔는데, 몇 년 전쯤 아내의 몸 상태가 나빠지고 치매 증상도 악화됨에 따라 혼자서 아내를 돌보며 살기가 어려워졌다. 그래서 아내를 특별 요양 노인 복지 시설에 입소시키고 매주 시설을 찾아가고 있다.

그 결과 경제적으로는 한층 어려워졌다. 아내의 국민연금은 노인 복지 시설의 비용을 치르고 나면 남는 것이 없기 때문에 요시다 씨의 농업 수입과 연금 수입으로 의료비를 해결해야 하는데, 이것이 큰 부담이 되고 있다.

"반평생을 함께 살아온 아내입니다. 경제적으로는 힘들지만 어떻게든 해봐야지요. 이대로 지켜만 보기에는 아내가 너무 가엾지 않습니까?"

요시다 씨는 자신의 식비를 줄여가며 시설에 있는 아내를 뒷받침하고 있다. 아내를 생각하는 마음이 절실히 느껴졌지만, 이대로라면 아내보다 요시다 씨가 먼저 쓰러질 것 같아 걱정스러웠다.

며칠 뒤 우리는 산 정상에 있다는 밭으로 안내를 받았다. 자동차를 타고 간선도로를 달리다 산길로 들어서자 차 한 대가 간신히 지나다닐 수 있을 정도의 좁은 도로가 이어졌다. 좌로 우로 산속을 헤치고 나가자 폐허가 된 건물들이 보였다. 과거에는 마을이었던 곳이 폐허가 되어 있었다.

"저 건물은 예전에 여관이었습니다."

아키타 현의 내륙에는 인적이 드문 산속에 '비탕(秘湯)'이라고 부르는 온천이 많다. 그래서 버블 경제기에는 이런 비탕을 즐기기 위해 도시에서 찾아오는 손님의 발길이 끊이지 않았다. 그러나 한때 손님들로 북적이던 온천 여관도 이제는 앙상한 뼈대를 드러낸 채 귀신이라도 나올 것 같은 폐가가 되어 있었다.

산 정상이 가까워지자 갑자기 시야가 확 트이며 드넓은 밭이 나타났다. 그리고 광활한 밭의 주위에는 집이 군데군데 있었다. 요시다 씨와 마찬가지로 농사를 짓는 여름철에만 머무르는 집이었다.

요시다 씨는 과거에 수십 세대가 있었던 마을이 이제 다섯 가족밖에 안 남았다고 서글픈 표정으로 말했다. 제2차 세계대전 직후 조상들이 산을 개간해 광대한 농지를 개척했다. 대부분은 만주에서 돌아왔거나 전쟁터에서 돌아왔지만 살 곳이 없는 농가의 차남, 삼남들이었다. 먹을 것이 부족하던 시대에 고생하며 일궈낸 농지였다.

밭을 둘러본 뒤 요시다 씨는 산 위의 자택으로 우리를 안내했다. 2층 집의 현관에 들어서자 정면에는 거실이, 그 옆에는 사랑방이 있었다. 사랑방의 불단에는 조부와 증조부 등 선조의 사진이 장식되어 있었다. 이렇게 선조 대대로 토지와 집을 물려받아 살아왔을 것이다. 그러나 요시다 씨가 마지막 계승자라고 한다. 자식들은 독립하자 다른 길을 선택했다. 농업만으로는 적자를 메울 수가 없기 때문이다.

"언제까지 농사를 짓고 살 수 있을지……."

요시다 씨가 창문 밖으로 펼쳐진 밭을 바라보며 중얼거렸다. 이 밭도 경작할 사람이 사라지면 순식간에 황무지로 변할 것이다. 이것은 비단 요시다 씨에게만 닥친 현실이 아니다. **고령화가 진행되는 농가의 대부분이 노후파산의 위기에 몰리고 있는 지금, 전국 각지에서 전원 풍경이 사라져가고 있다.**

생존을 건
노후의 자급자족 생활

▼
▼
▼
▼

'생활과 건강을 지키는 모임 아키타 현 연합회'의 담당자는 요시다 씨보다 더 어려운 생활을 하고 있는 여성이 있다며 우리를 안내했다. 식비를 거의 쓰지 않고 자급자족에 가까운 생활을 하고 있다는 것이다. 자택의 고정 자산세 등의 세금을 낼 능력이 없어서 납부를 면제받고자 '감면 신청 절차'를 배우기 위해 모임에 참가한 여성이었다.

아키타 현 내륙의 평야에는 논이 펼쳐져 있다. 요시다 씨가 밭일을 하고 있는 산간 지역과 달리 평야 지역에서는 논이 펼쳐져 있는 풍경 속에 주택 등의 건물이 흩어져 있다. 그러나 이 지역에서도 젊은 층은 농가 계승을 포기하고 현 밖으로 떠났으며, 그 결과 아동의 수도 격감했다.

"저기 보이는 초등학교도 이제는 폐교되었습니다. 노인들만 남았지요."

자동차를 운전하면서 연합회의 담당자가 말했다.

"이 집입니다."

자동차는 강가에 지어진 목조 건물 앞에 섰다. 목조는 검게 변색되어 세월을 느끼게 했다. 현관은 눈이 내릴 것을 대비해서인지 이중으로 되어 있어서, 나무 미닫이문을 열자 다시 유리창이 달린 미닫이문이 나왔다. 이 문도 열고 안으로 들어가니 신발 벗는 곳이 나타났다.

"어서 오시오."

앞치마를 두른 기타미 시게코(北見成子, 가명) 씨가 이렇게 말하며 우리를 맞이했다. 기타미 씨는 아키타 사투리를 썼는데, 알아듣기가 어려워 담당자에게 통역을 부탁해야 했다.

"'돈 문제로 정말 어려움을 겪고 있습니다. 주위에 있는 연금 생활자들도 다들 그렇게 말합니다. 부디 우리의 목소리를 들어주세요'라고 말씀하셨습니다."

군데군데 통역을 부탁하면서 대화를 계속했다. 기타미 씨의 수입은 농업을 하던 시절에 보험료를 낸 국민연금뿐이다. 그러나 그 국민연금도 월 60만 원에는 턱없이 모자란 액수였다. 놀랍게도 기타미 씨는 매달 25만 원의 연금만으로 생활을 꾸려나가고 있다고 한다.

사실 연금 보험에는 생활이 어려울 경우 수입 증명서를 제출하면 생활이 나아질 때까지 보험료 납부를 면제받는 규정이 있다. 그러나 납부하지 않은 기간에 따라 받을 수 있는 연금이 줄어든다. 기타미 씨의 경우 과거에 농업 수입이 적자여서 연금 보험료를 내지 못한 시기가 있었는데, 그 분량이 감액되어 연금액이 월 25만 원으로 줄어들었다. 게다가 저축한 돈도 거의 없는 까닭에 생존을 건 자급자족 생활을 계속하고 있는 것이다.

"장은 한 달에 딱 두 번만 본다오. 한 번 장을 볼 때 쓰는 돈이 2만 원이나 되려나……."

식비 등 생활필수품을 살 돈은 일주일에 1만 원. 한 달을 4만 원으로 살아야 한다. 여기에 수도 요금과 가스 요금 등의 광열비와 보험료 등을 내고 나면 남는 돈이 없었다.

기타미 씨가 노후파산하게 된 이유는 50대에 있었다. 농가를 계승해 부부가 함께 쌀농사를 지어온 기타미 씨 가족의 생활은 무역 자유화로 쌀값이 하락하기 시작한 20년쯤 전부터 꾸준히

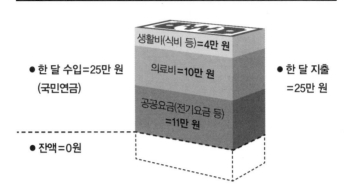

기타미 씨의 수입과 지출

생활비(식비 등)=4만 원

● 한 달 수입=25만 원
(국민연금)

의료비=10만 원

● 한 달 지출
=25만 원

공공요금(전기요금 등)
=11만 원

● 잔액=0원

악화되었다. 그전에도 기타미 씨의 남편은 매년 겨울이 되면 농업의 적자를 메우기 위해 간토 지방까지 가서 건설 현장 등에서 일하며 돈을 벌어왔다.

두 아이를 얻었지만 그 아이들을 키우기 위한 부부의 생활은 고난의 연속이었다. 그리고 마침내 육아에서 해방되었을 무렵, 남편이 돈을 벌기 위해 타지로 갔다가 심근경색으로 쓰러져 간토 지방의 병원으로 응급 이송되었다. 용태가 안정된 뒤에는 집 근처의 병원으로 옮겼지만, 그 후에도 1개월 정도 입원 생활을 해야 했다.

남편의 입원비는 생활을 더욱 압박했다. 남편은 무리해서 퇴원했다가 다시 입원하기를 10년 가까이 반복했고, 그 사이에 기타미 씨는 부업을 하며 가계를 지탱했지만 생활비를 감당하기에는 역부족이어서 얼마 안 되는 예금까지 전부 쓸 수밖에 없었다고 한다.

그리고 16년 전에 남편이 세상을 떠나자 기타미 씨의 생활은 더욱 어려워졌다. 애초에 얼마 되지 않았던 남편의 연금마저 끊겨 자신의 연금인 25만 원으로 살면서 농업을 계속하게 된 것이다. 적자가 날 때마다 논을 조금씩 팔았고, 그렇게 규모가 축소되자 수익이 더욱 줄어들어 적자가 늘어나는 악순환이 계속되었다. 논농사를 계속하는 것은 곧 파산을 의미했다. 기타미 씨는 어쩔 수 없이 대규모로 쌀을 재배하는 농가에 논을 빌려주고 임대료 대신 쌀을 받는 방법으로 어떻게든 살아보려 했다. 그러나 논을 빌려준다 해도 얼마 안 되는 논의 임대료로는 자신이 먹고 살 만큼의 쌀밖에 얻을 수 없었다. 그 밖의 생활비는 연금만으로 해결해야 했다.

빠듯한 생활을 계속하는 기타미 씨에게 의지할 수 있는 존재는 멀리 떨어져서 사는 두 자녀뿐이다. 그러나 정신적인 버팀목은 되어도 경제적으로 의지할 수는 없었다. 떨어져서 사는 자녀들도 생활에 여유가 없음을 잘 알고 있기 때문이다.

"자식들도 아이가 있다 보니 생활이 어렵다오. 그러니 내 앞가림은 내가 하는 수밖에 없지 않겠수."

25만 원으로 생활하는 것은 상상 이상으로 가혹한 일이었다.

저녁이 되어 서늘해지면 기타미 씨는 논으로 나간다. 무더운 8월 중순의 도호쿠 지방에도 저녁 해가 기울기 시작하는 오후 5시 이후에는 미지근한 바람이 분다.

부엌문을 나서면 바로 눈앞이 기타미 씨의 논이다. 다른 사람에게 경작을 맡긴 논이지만 기타미 씨는 아침저녁에 한 번씩 반드시 논을 둘러본다. 수위는 적당한지, 이삭은 정상적으로 달렸는지 살펴보고 수위를 조정하는 등 가능한 범위에서 도우려 하기 때문이다.

마지막으로 남은 손바닥만 한 논도 죽은 남편이 조상 대대로 물려받은 것이다. 결혼한 이래 50년에 걸쳐 계속해온 논농사에 대한 애착과 선조 대대로 내려온 토지에 대한 애틋한 마음이 기타미 씨를 매일 논으로 향하게 했다.

그날도 용수로를 막은 낙엽을 치우고 수면이 낮아진 논의 상태를 주의 깊게 살폈다. 키 140센티미터 정도의 몸집이 작은 기타미 씨가 웅크리고 있으면 주위에서는 그 모습을 확인할 수가 없다. 만에 하나 논에서 쓰러져도 눈치 채는 사람이 없을 가능성이 높기 때문에 농사는 생명을 건 위험한 일이기도 했다. 그래서 이른 아침과 저녁, 이렇게 두 번만 논에 나가기로 결정했다.

여름철의 더운 시간대에 밖에서 작업하는 것은 의사도 금지하고 있었다. 심장에 지병이 있는 기타미 씨는 언제 발작이 일어

노후
파산

날지 모르기 때문에 무더위 속에서 장시간 야외 작업을 할 수가 없다. 과거에 무리하다 협심증 발작으로 쓰러져 병원에 실려 간 적도 있었다. 지금도 약을 계속 먹으면서 경과를 관찰하고 있다.

기타미 씨를 지원해온 '생활과 건강을 지키는 모임'의 스태프는 농사를 그만두는 편이 어떻겠느냐고 조언했다. 연금 수입이 생활보호를 받을 수 있는 수준이니 논 등의 재산을 처분하고 생활보호를 받으면 생활이 편해질 것이라고 거듭 제안했다. 그러나 기타미 씨는 한사코 고개를 가로저었다.

"논이고 재산이고 전부 처분하고 생활보호를 받는 방법도 있을지 모르지만, 선조 대대로 물려받은 논을 포기해서는 조상님과 친척을 뵐 면목이 없다오. 그럴 수는 없수."

생활보호비를 받는 것에 대해 일종의 죄책감 같은 정신적인 부담을 느끼는 사람이 많다. 그런 경향은 도시보다 지방이 더 강하지 않을까? 어렸을 때부터 알고 지낸 사람들로 가득한 마을이기에 체면 문제도 있고, '가족은 대체 뭘 하고 있는 거야?'라고 가족까지 비난을 받지 않을까 두려워한다. 기타미 씨도 생활보호에 강한 저항감을 느끼는 듯했다.

주위의 눈을 지나치게 신경 쓰는 농촌 특유의 문화를 상징하는 일례가 있다. 기타미 씨의 거실에 있는 다섯 개의 달력이다. 거실 벽에 서로 다른 종류의 달력이 다섯 개나 나란히 걸려 있다. 날짜를 확인하기 위해서라면 달력 하나로 충분하다. 그런데도 같은 방에 달력이 다섯 개나 걸려 있는 데는 이유가 있다.

"기껏 줬는데 안 걸면 미안하잖수."

달력 밑에는 '○○ 자동차 판매 회사', '○ 주조' 등 달력을 만들어 배포한 기업의 이름이 인쇄되어 있었다. '기껏 달력을 줬는데 우리 건 안 걸어놓다니⋯⋯'라며 불쾌해하지 않도록 받은 달력은 전부 공평하게 걸어놓는 것이다.

"누군가 집에 놀러 왔다가 달력이 걸려 있지 않은 것을 보고 이상한 소문이라도 퍼트리면 곤란하잖수. 그래서 어딜 가든 이렇게 달력을 여러 개 걸어놓는다오."

주위가 모두 아는 사람들이기에 느낄 수 있는 안도감은 분명히 있다. 그러나 한편으로 주위가 모두 아는 사람이기에 '한심한 꼴은 보이고 싶지 않다'든가 '친척에게 창피를 주고 싶지 않다'는 생각도 강해진다. 그리고 이것이 때때로 복지 제도를 이용하기 어렵도록 방해하기도 한다. 기타미 씨도 그런 사람 중 한 명이었다.

노후
파산

"공짜로 구할 수 있는 걸
먹으며 절약한다오"

"지금부터 머위를 캐러 갈 거요. 아직 머위가 자라
는 시기라오."

어느 날 취재 스태프가 집을 방문하자 기타미 씨가 이렇게 말
을 꺼냈다.

일주일 동안 쓸 수 있는 식비는 1만 원뿐이다. 고기나 우유 등
을 사면 그것으로 끝인 금액이다. 그래서 다른 식재료는 전부 산
과 들에서 채취한다. 산나물이나 버섯 등 풍부한 자연에 둘러싸
여 있는 지방이기에 가능한 생존 방법이다.

기타미 씨가 향한 곳은 제방 아래로 흐르고 있는 시내였다. 잘 보니 제방의 경사면에 머위가 잡초와 섞여서 자생하고 있었다. 기타미 씨는 이 경사면에서 머위를 한 줄기 한 줄기 뿌리째 뽑았다. 50센티미터 정도의 길이로 자란 머위였다.

"채소를 사면 돈이 들잖수. 그러니 공짜로 구할 수 있는 걸 먹는 편이 낫지."

기타미 씨는 쉬지 않고 작업을 계속했다. 그리고 30분 정도 지나자 마침내 "그만 돌아갑시다"라고 말했다. 채취한 머위는 양손으로 전부 끌어안을 수 없을 만큼 많았다. 기타미 씨는 등에 매고 있던 배낭을 내려놓고 머위 다발을 집어넣더니 "영차" 하는 기합과 함께 다시 등에 맸다.

걸어서 집으로 돌아온 기타미 씨는 현관 앞에 머위 줄기 부분을 늘어놓고 말렸다. 그리고 점심 식사를 준비하기 시작했다. 냉장고를 열고 작은 가지를 꺼내 씻었다.

"이 가지는 내 밭에서 따온 것이라오. 이건 고사리. 이것도 따온 거라오."

봄에 채취한 고사리는 절임을 만들어놓았다. 가스풍로에서는 아침에 만든 돼지고기 된장국이 끓고 있었다.

"이 국의 채소도 전부 마당의 밭에서 재배한 것들이라오. 돼지고기만큼은 사온 것이지만 말이지."

완성된 요리를 밥상에 올려놓았다. 그중에는 15센티미터 정도 되는 작은 생선을 찐 요리도 있었다. 생선도 밭에 물을 대는 용수로에서 그물로 잡은 것이라고 한다.

"함께 먹읍시다. 맛있다오."

빠듯하게 생활하고 있는 것을 잘 아는데 식사까지 대접받기는 죄송하다는 생각도 들었지만, 기쁜 표정으로 손님을 대접하려 하는 기타미 씨의 호의를 무시하고 싶지 않아 식사를 했다. 채소는 신선하고 달았다. 생선도 맛이 깔끔한 것이 여름철에 딱 어울리는 점심 식사였다.

"대개 NHK의 뉴스를 보면서 점심을 먹는다오."

기타미 씨는 텔레비전을 켜기 위해 일어서더니 먼저 콘센트를 꽂았다. 절전을 위해 쓰지 않을 때는 콘센트를 항상 뽑아놓기 때문이다. 다른 전자 제품도 철저히 절전하며 사용했다.

"한 달에 얼마나 절약이 되는지는 모르겠지만, 쓰지도 않으면서 돈을 내는 건 아깝잖수."

식사가 끝나자 기타미 씨는 일어나서 다시 텔레비전의 콘센트를 뽑았다.

문득 거실의 기둥을 바라보니 오래되어 색이 바랜 스티커가 붙어 있었다. 고도 경제 성장기였던 1970년대에 소녀들 사이에서 유행했던 애니메이션 「요술공주 샐리」였다. 이 거실이 소녀들의 웃음소리로 가득했던 시절에는 농업도 순조로웠다. 그 무렵에는 노후파산에 몰린 자신의 모습은 상상조차 하지 않았을 것이다. 그만큼 일본 사회가 급속하게 변화해왔다는 말이기도 하다.

심장에 안고 있는 '폭탄'과 의료비 부담

▼
▼
▼

25만 원으로 살고 있는 기타미 씨에게 가장 큰 부담은 의료비다. 생명이 걸린 문제라 절약할 수도 없다. 기타미 씨는 거실에 있는 선반에서 봉투를 꺼냈다. 그 안에는 심장약과 혈압약이 들어 있었다.

"심장이 정말 괴로워지면 이걸 혀 밑에 넣고 핥으라고 의사가 말했다오. 그러면 발작이 가라앉을 거라고."

이렇게 말하면서 보여준 것은 '니트로글리세린'이었다. '니트로글리세린'은 심장 발작을 일으킬 우려가 있는 사람이 항상 소지하는 약이다. 병의 경과를 주의 깊게 관찰할 필요가 있기 때문에 통원 치료도 필요하다.

그러나 근처에 종합 병원이 없는 농촌에서는 큰 병원에 다니는 것 자체가 큰일이었다. 기타미 씨는 근처에 심장병을 진료할 수 있는 병원이 없기 때문에 두 달에 한 번씩 멀리 떨어진 종합 병원까지 전철을 타고 간다.

병원에 가는 날, 평소보다 일찍 일어난 기타미 씨가 출발한 시각은 아침 7시 반이었다. 배낭을 메고 문단속을 한 뒤 집을 나섰다. '고난의 하루'가 시작되는 순간이었다. 먼저, 20분 정도를 걸어서 역에 간다. 한여름인 8월이지만 이 시간대에는 아직 공기도 서늘하고 태양빛도 약하다. 하체가 튼튼한 기타미 씨는 빠른 걸음으로 역을 향해 걸어갔다.

"옛날에는 더 빨리 걸을 수 있었는데, 확실히 이제는 좀 힘이 드는구려. 심장의 두근거림이 멈추지 않을 때도 있다오."

전철이 오기까지는 아직 10분 이상 시간이 있었다. 몇 대 없는 전철이기에 만에 하나 늦는 일이 없도록 여유 있게 이동하는 것이리라. 표를 사서 계단을 올라가 반대쪽 플랫폼으로 건너갔다.

한 계단 한 계단을 착실히 오를 때 그전에 보이지 않았던 괴로운 표정이 드러났다. 계단을 중간쯤 올라가다 멈추고는 "후우” 하고 숨을 내쉬었다. 반대쪽 플랫폼으로 내려가 잠시 기다리자 전철이 플랫폼으로 들어왔다. 등교하는 고등학생들이 있었지만 비어 있는 자리에 앉을 수 있었다.

차창 밖으로는 광활한 논이 펼쳐져 있었고, 그 너머로는 산들이 보였다. 기타미 씨는 그런 창밖의 풍경을 지그시 바라봤다. 햇볕에 탄 얼굴을 햇빛이 비추자 주름이 더욱 선명하게 두드러져 보였다. 무릎에 가지런히 올려놓은 손은 햇볕에 타서 까맣고 쭈글쭈글했다. 오랜 기간 논에서 일한 탓이리라. 15분 정도 지나 내려야 할 역에 도착하자 기타미 씨는 “영차” 하고 기운을 불어넣으며 일어섰다.

그러나 여행은 아직 끝나지 않았다. 병원에 가려면 다시 버스로 갈아타야 한다. 조금 기다리자 병원행 버스가 도착했다.

“전철 요금과 버스 요금도 만만치가 않다오.”

교통비는 편도 6000원, 왕복으로는 1만 원이 넘어간다. 한 달에 25만 원의 연금으로 살아가는 기타미 씨에게 의료비와 교통비는 비록 두 달에 한 번이라고는 해도 큰 부담이었다. 자치 단체에 따라서는 고령자의 교통비를 무상화한 곳도 있다. 도쿄 도에서는 도영 버스를 무료로 이용할 수 있는 ‘실버 패스’를 발행하고 있다. 그러나 버스 운영이 적자인 지방에서는 고령자를 위한 제도가 문제가 아니라 노선 폐지가 잇따르는 게 문제였다. 물론 택시를 이용할 수 있다면 상관이 없겠지만, 연금 수입만으로 빠듯하게 살고 있는 고령자는 점점 외출이 어려워지고 있다.

버스로 갈아타고 15분 정도 후 병원 앞 정류장에 도착했다. 시계를 보니 9시가 되기 직전이었다. 전철과 버스를 기다린 시간까지 포함하면 편도에 약 1시간 반이 걸린 셈이다. 기타미 씨는 접수를 마치고 대합실의 의자에 앉았다. 대합실에는 아직 환자가 적었지만, 의자에서 자고 있는 사람도 있었다.

"나는 그래도 늦게 오는 편이지. 일찍 오는 사람은 6시나 7시에 온다오."

이 지역에 하나뿐인 종합 병원이라 혼잡해서 몇 시간씩 기다릴 때도 있다고 한다.

"심할 때는 낮까지 기다린 적도 있지."

9시에 진료가 시작되었고, 10분 정도 후 기타미 씨의 이름이 호명되었다. 소변 검사와 채혈을 위해서다.

기타미 씨는 "이제부터가 시간이 꽤 걸린다오"라고 말하고 채혈실로 향했다. 소변 검사와 채혈이 끝난 뒤 대합실에서 기다리는데, 아무리 기다려도 이름이 불리지 않았다. 어느덧 로비는 사람들로 북적였다. 대부분은 고령의 환자였다.

기타미 씨는 조용히 차례를 기다렸다. 1시간, 2시간……. 그러나 여전히 이름이 불리지 않았다. 3시간이 지나 슬슬 지쳐갈 무렵, 드디어 "기타미 씨, 기타미 씨" 하고 원내 방송이 흘러나왔다. 진료실로 들어가자 의사가 소변 검사와 채혈 결과를 보면서 몸에 이상은 없는지 등을 물어봤다.

"현재로서는 별 문제는 없습니다. 약을 계속 드릴 테니 빼먹지 말고 드세요."

불과 5분 만에 진찰이 끝났다. 몇 시간을 기다렸는데 5분 만에 끝⋯⋯. 그래도 "별 문제는 없다"는 말에 기타미 씨는 안도의 표정을 지었다.

이날 진료비와 약값을 합쳐서 낸 돈은 4만 원이었다. 치료비는 통원 교통비와 함께 커다란 부담이다. 그래도 꼬박꼬박 병원에 다니는 이유는 만에 하나 병이 심각해져서 입원이라도 하게 된다면 입원비를 낼 능력이 없기 때문이다.

모든 일정을 마치고 돌아가는 기타미 씨의 뒷모습은 피곤에 지쳐 있었다. 집에 도착하자 쓰러지듯 거실의 다다미에 몸을 눕혔다. 오후 2시가 넘어서야 집에 돌아오는 경우도 드물지 않다. 돈이 든다는 이유로 도중에 다른 곳에 들르지도 않고 곧장 집으로 돌아오지만, 그래도 아침에 집을 출발해 꼬박 6시간 반이 걸린다. 이런 통원을 계속하고 있는 것이다.

기타미 씨는 다다미에 누워 천장을 바라보면서 중얼거렸다.

"가난뱅이는 죽으라는 건가⋯⋯."

평소에는 온화한 기타미 씨의 말에서 처음으로 '분노'의 감정을 느꼈다.

"뉴스를 보다 보면 그렇게 느낀다오. 부담은 갈수록 커지고, 돈이 없는 사람은 점점 살기 힘든 세상이 되고 있으니 말이지."

초고령 사회를 맞이해 정부가 지속적인 사회 보장 제도를 손보고 있는 까닭에 의료와 돌봄 서비스 등의 부담은 점점 커지고 있다. 한편 연금은 물가 수준 등을 감안할 때 계속 줄어들고 있다. 연금에 의지하며 홀로 사는 기타미 씨와 같은 고령자는 이런 힘든 상황을 피부로 느끼고 있을 것이다.

기타미 씨는 미래에 대한 불안이 감당할 수 없을 만큼 크다고 호소했다.

"미래를 생각하면 죽고 싶어질 때가 있다오. 정말 죽고 싶어진다오. 하지만 죽을 수가 없어. 논이 있으니까."

마지막에 '논'이라고 말하는 기타미 씨의 얼굴에서 씩씩함이 느껴졌다.

"인생을 걸고 지켜온 논이 있으니까 이렇게 살 수가 있는 거라오."

이 말을 들었을 때, 지방에서 빈곤을 발견하기 힘든 또 다른 이유를 알 수 있었다. 풍요로운 자연이 자급자족을 가능케 해서만이 아니다. 논밭을 지켜온 자부심이 살아갈 힘을 주고 있는 것이다. 그래서 약한 소리를 하지 않고 필사적으로 참는다.

도호쿠 지방의 농촌에는 30만 원 정도의 연금 수입에 의지하며 홀로 살고 있는 사람들이 드물지 않다. 논을 포기하려 하지 않아 생활보호를 받지 못하고 힘들게 살아가는 사람이 많다. 자치 단체에 따라서는 논이나 집을 소유하고 있어도 생활보호를 받을 수 있도록 제도를 유연하게 운용하는 곳도 있다.

'힘들면 참지 말고 상담을 했으면……'

기타미 씨를 곁에서 바라보면서 이런 생각이 강하게 들었다. 기타미 씨가 소중한 논 근처에서 좀 더 안심하고 살 수 있는 방법을 찾았으면 하는 바람이다.

5장

당신도
노후파산의
예외가 아니다

"5~6년 후가 되면 저는 틀림없이 이 세상에 없겠지요."

발견하기 어려운
사각지대의 고령자들

▼
▼
▼

노후파산이 확산되는 가운데, 재택 돌봄 서비스나 재택 의료에 종사하는 사람들은 최전선에서 대응책 마련에 부심하고 있다. **노후파산 직전에 몰린 고령자들을 도우려 할 때 특히 어려운 문제는 친족이 서비스를 거부하는 경우라고 한다.** 언뜻 친족이 있으면 안심할 수 있을 것처럼 생각된다. 하지만 오히려 친족이 있기 때문에 노후파산을 발견하기 어려운 사례가 줄을 잇고 있다는 것이다.

도쿄 아다치 구에 있는 돌봄 도우미 센터에서는 어떻게 하면 이런 고령자에게 충분한 돌봄 서비스를 제공할 수 있을지에 대해 각 사례별로 토의하면서 대응해나가고 있다. 이 돌봄 도우미 센터에는 고령자의 돌봄 계획을 짜는 케어 매니저와 도우미 등 스태프 10명이 소속되어 있다.

사무소에서는 전화 대응을 하는 사람, 서류를 작성하는 사람 등 모두가 바쁘게 일하고 있었다. 대부분의 도우미 센터는 일손에 여유가 없다. 그래서 도우미가 방문 돌봄 서비스를 하는 틈틈이 사무소로 돌아와 서류를 작성하고 전화 상담을 하는 등 여러 가지 일을 겸한다.

"안녕하세요. 그쪽에 앉아서 잠시만 기다려주시겠어요?"

입구 근처에서 시선이 마주친 여성 직원은 이렇게 말하고 몇 통의 전화 응대와 컴퓨터 업무 등을 처리한 뒤 우리에게 왔다.

"이번에는 '돈'에 초점을 맞춰서 취재할까 합니다. 연금 수입이 생활보호 수준에 미치지 못해서 힘들게 살고 계시는 분이 많다고 들었습니다. 그런 현장의 상황 등을 가르쳐주십사 하고……."

이렇게 말을 꺼내자 여성은 씁쓸한 표정을 지었다.

"그 문제에 대해서는 솔직히 현장의 저희들도 어떻게 대응해야 할지 알 수가 없어 거의 포기 상태입니다."

이 센터에서는 대응이 곤란한 사례가 증가하고 있었다. **친족**

이 어중간한 자세로 관여하면서 자신이 돌보겠다면서 서비스를 거부해 생활보호 제도와 연결시키지 못하는 사례가 많기 때문에 대응에 어려움을 겪고 있다고 한다.

또한 본인이 돌봄 서비스를 거부하는 경우도 있다. 그럴 경우 친족이 있으면 본인뿐만 아니라 친족의 이해를 얻기 위해 설명을 반복하는 수밖에 없는데, 친족이 반대를 하면 벽에 부딪힌다.

여기에다 최근에는 "도우미가 오는 횟수와 시간 등 서비스의 양을 줄였으면 합니다"라면서 돌봄 서비스를 억제하려는 사태도 일어나고 있다. 감당할 수 있는 비용에 한계가 있어 충분한 돌봄 서비스를 받을 수는 없지만 그래도 감당이 가능한 만큼은 서비스를 받고 싶은 경우인데, 이 중에는 멀리 떨어져서 사는 친족이 직접 와서 부족한 돌봄 서비스를 대신해주겠다고 제안하는 패턴이 많다. 고령자는 친족이 이런 제안을 꺼내면 거의 거절하지 못한다. 그러나 이 경우 세심한 부분까지 충분히 서비스가 미치지 못하기 때문에, 서비스를 하는 센터에서는 항상 불안을 느끼면서 돌봄 방문을 계속하게 된다.

이 도우미 센터에서 대응에 어려움을 겪고 있는 사례를 소개받았다.

가족이 있어도
노후파산을 피할 수 없다

▼
▼
▼
▼

　　돌봄 도우미 센터의 직원은 한 남성의 사례를 소개했다. 아다치 구의 도우미 센터에서 도보로 10분 거리에 떨어진 단독 주택에서 홀로 사는 70대 초반의 다니구치 쓰요시(谷口剛, 가명) 씨가 의료와 돌봄 서비스를 충분히 받지 못하는 이유는 '생활보호를 받게 하고 싶지 않다'며 지원을 계속하는 친족 때문이었다.

　　목수로 일하던 시절의 다니구치 씨는 튼튼한 몸이 자랑이었지만 60세를 넘기면서 몸의 상태가 나빠지는 일이 잦아졌다. 퇴원 후에는 자신의 힘으로 걷거나 화장실에 가기가 어려워져 거의 침대에 누워서 생활했는데(그는 돌봄 필요도 4에 해당했다), 결혼을 하지 않아 의지할 가족 없이 홀로 살고 있었다. 그의 생활을 유지해주기 위해 거의 매일 도우미가 집으로 찾아와 식사 준비를 하고 청소를 해줬다.

"이 분이 받는 연금이 월 50만 원 정도였을 겁니다. 생활보호를 받아도 이상하지 않은 금액이지만 집을 소유하고 있어서 생활보호를 받지 못했지요."

스태프는 이렇게 설명했다. 거의 하루 종일 침대 신세를 져야 하는 상태이기 때문에 사실은 좀 더 방문 돌봄 서비스의 횟수와 시간을 늘리고 싶지만, 지금이 다니구치 씨의 연금으로 부담할 수 있는 돌봄 서비스의 최대 한계여서 이 이상 늘리기는 어렵다고 한다.

"집을 판다는 선택지는 없습니까? 그러면 아파트나 연립 주택에서 살면서 돌봄 서비스를 받을 수도 있고, 금액에 따라서는 시설에 들어간다는 선택도 가능할 것 같은데요."

이렇게 물어보자 담당 스태프는 "사실은 그게 문제입니다"라고 힘없이 말했다.

"도쿄 근교에 남동생이 있는데, 그 동생이 집을 포기할 수 없다며 거부하고 있습니다."

다니구치 씨의 동생은 한 달에 한 번 다니구치 씨를 찾아와서 형의 수발을 들고 공공요금을 대신 내주는 등 금전적인 지원을 하고 있다. 동생은 떨어져서 사는 형이 걱정되어 자기 나름대로 최선을 다하고 있는 것이리라.

"현재 형이 살고 있는 집은 원래 두 사람이 함께 살던 곳이라고 합니다. 이것은 제 추측인데, 아마도 다니구치 씨의 동생은 다니구치 씨가 세상을 떠나면 그 추억이 깃들어 있는 집을 자신이 상속받아서 계속 지키려 하는 것이 아닐까요?"

동생이 집을 팔려고 하지 않는 이유를 스태프는 이렇게 설명했다. 추억이 담긴 집을 팔고 싶지 않다며 친족이 거부한다면 집을 처분할 수가 없기 때문에 생활보호도 받지 못한다. 다니구치 씨의 경우는 정성껏 돌봐주는 동생이 있다는 것이 문제를 어렵게 만들고 있는 셈이다.

도우미 센터의 소개로 우리는 며칠 뒤 다니구치 씨를 만나러 갔다.

"이 센터에서 엎어지면 코 닿을 거리입니다."

담당 스태프의 안내를 받으며 다니구치 씨의 집을 향해 걸었다. 인근에 작은 상점이 몇 개 있는 것을 제외하면 단독 주택이 많은 주택가였다. 오래전부터 살고 있는 사람이 많은지, 지어진 지 한참 된 것으로 보이는 집이 많았다. 다니구치 씨의 집은 자동차 한 대가 간신히 지나다닐 수 있는 좁은 골목에 자리하고 있었다.

"안녕하세요."

담당 스태프가 몇 번을 외쳤지만 집 안에서는 전혀 반응이 없었다. 그러자 스태프는 익숙하다는 듯이 자연스럽게 집 안으로 들어갔다.

"들어가겠습니다."

방 안에서 스태프는 다시 한 번 방문을 알렸다.

"자, 어서 들어오세요."

스태프의 권유로 현관을 지나 방에 들어선 순간, 우리는 왜 현관 앞에서 그렇게 불렀음에도 다니구치 씨가 반응하지 않았는지 이해할 수 있었다. 다니구치 씨는 방에 놓인 돌봄용 침대에 누워서 거의 움직이지 못하는 상태였다. 거의 하루 종일 침대 신세를 지고 있었고, 목소리도 제대로 내지 못해서 말을 걸어도 "음음" 하고 고개를 끄덕이는 것이 고작이었다. '반응이 없었던' 것이 아니라 '반응을 할 수 없었던' 것이다.

"지금은 이렇게 생각처럼 잘 움직이지 못하고 이야기도 잘 못하시지만, 예전에는 목수들의 우두머리로 실력을 발휘하셨지요?"

담당 스태프가 웃으면서 다니구치 씨에게 말을 걸자 다니구치 씨는 소리 없이 웃었다. 다니구치 씨는 약 20년 전까지 작은 토목 회사를 경영했는데, 버블 경제기에는 수많은 직원을 데리고 있음에도 일손이 부족할 만큼 하루하루를 바쁘게 보냈으며 경영도 순조로웠다. 또한 직원들에게 밥을 사주거나 직원들을 데리고 놀러 다니는 등 보스 기질이 있고 대범해서 부하 직원들의 신뢰 또한 두터웠다고 한다.

그러나 버블 경제가 붕괴되면서 일거리가 격감했고, 결국 다니구치 씨는 60세 무렵에 빚을 안고 도산했다. 그때까지 다니구치 씨는 결혼도 하지 않고 일에 몰두하며 홀로 살아왔는데, 도산 후 몸 상태가 극도로 악화되어 도우미의 도움 없이는 생활하기가 어려워졌다.

"옛날에는 술도 잘 드셨다면서요? 주량이 얼마나 되셨어요? 하룻밤에 됫병 정도는 드셨어요?"

담당 스태프가 다니구치 씨에게 웃으면서 말을 걸었다.

"……우스웠지."

다니구치 씨는 조용히 중얼거렸다. 이 한마디에 모두가 크게 웃으며 분위기가 화기애애해졌다. 옛날에 다니구치 씨는 고된 현장의 분위기를 밝고 즐겁게 만드는 우두머리였으리라. 짧게 자른 스포츠머리, 일 이야기를 할 때 보여주는 긍지 어린 표정에서 왕년의 모습을 상상할 수 있었다.

문득 방을 둘러보니 벽에 물고기 탁본이 잔뜩 걸려 있었다. 1미터에 가까운 대형 도미의 탁본도 있었다.

"이거 전부 다니구치 씨께서 낚으신 겁니까?"

이렇게 묻자 기다렸다는 듯이 자랑스러운 표정을 지었다.

"다시 한 번 낚시를 하러 가고 싶군."

먼 곳을 바라보는 듯한 눈으로 중얼거렸다. 낚시를 매우 좋아해서 낚시 도구를 담는 나무 상자 등도 전부 직접 만들었다며 보여줬다. 일이 없는 휴일에는 지바나 시즈오카까지 낚시를 갔다고 한다.

그러나 현재 혼자서 제대로 걷지도 못하는 다니구치 씨에게 낚시는 무리다. 돌봐줄 가족이 있다면 어떻게든 될지도 모르지만 그런 가족은 없다. 돌봄 서비스 보험에도 여가의 취미 활동에 동행해주는 서비스는 없다.

현재 다니구치 씨가 할 수 있는 일은 좁은 침대 위에 누워 있는 것뿐이다. 누운 채로 멍하니 텔레비전을 바라보고 있는 다니구치 씨를 보고 있으니 '다시 한 번 낚시를 가고 싶다'는 꿈을 어떻게든 이뤄주고 싶지만 그럴 수가 없다는 안타까움이 솟아났다. 연금으로는 먹고살기도 빠듯한 다니구치 씨에게 그 꿈을 이룰 수단이 있을 리가 없다는 현실이 안타까웠다.

방의 책상 위에는 전기 요금과 수도 요금 등 공공요금의 청구

서가 놓여 있었다.

"이런 요금은 동생이 대신 내주고 있나요?"

이렇게 묻자 다니구치 씨는 말없이 고개를 끄덕였다. 다니구치 씨의 동생은 도쿄 근교에서 아내와 자녀와 함께 살고 있다. 60세를 넘어서도 파트타이머로 일하면서 가계를 꾸려나가고 있는 동생은 하루하루를 바쁘게 살고 있는데, 그런 생활 속에서도 다니구치 씨를 꾸준히 찾아오고 있다. 동생이 자신을 생각해주고 있다는 사실만으로도 다니구치 씨는 기쁘고 마음이 든든하다고 한다.

"내게도 가족이 있기 때문에 형하고 같이 살 수는 없어."

이렇게 말하면서도 최대한 형을 돌보려 하는 동생. 그러나 형이 생활보호를 받기 위해 집을 파는 것을 반대하는 이유는 동생인 자신에게도 부모의 유산을 물려받을 권리가 있다는 생각 때문인지도 모른다. 그렇게 되면 다니구치 씨는 연금으로 살아가는 수밖에 없다.

이대로 돌봄 서비스를 늘리지도 못한 채 계속 집에서 홀로 생활할 수 있을까? 언젠가 그럴 수 없게 되는 날이 찾아올 수밖에 없다. 지금은 단지 그날이 찾아오는 것을 미루고 있을 뿐이다.

얼마 전, 다니구치 씨는 침대에서 일어나려다 넘어져서 다음 날 도우미가 찾아오기 전까지 만 하루 동안 바닥에 웅크리고 있었다고 한다. 홀로 생활할 수 없게 되기 전에 시설로 옮기는 등 선택지가 늘어난다면 조금은 안심할 수 있겠지만, 다니구치 씨의 경우는 친족이 있다는 사실이 그 선택지를 좁히고 있다.

"앞으로 어떻게 살고 싶으신가요?"

다니구치 씨에게 묻자 '추억이 깃든 집을 다른 사람에게 넘기고 싶지 않다'는 동생의 바람을 알고 있는지 이대로 집에서 살고 싶다고 대답했다. 생활보호를 받지 않는 상태에서 시설에 가고 싶다고 말하면 시설 이용비 등을 동생이 내야 하므로 동생에게 부담을 준다고 생각해서인지도 모른다.

친족의 의향과 본인의 의향이 서로 다르면서도 서로를 생각하는 마음이 있을 경우, 오히려 문제 해결이 어려워짐을 깨달은 사례였다.

"솔직히 말씀드리면 **의지할 상대가 한 명도 없는 사람을 지원하기가 더 수월하다고 느낄 때도 많습니다. 어중간하게 친족 관계가 있으면 동의를 얻으려 해도 의견 차이로 진전이 안 되는 경우가 적지 않지요.**"

다니구치 씨의 집을 나와서 돌아가는데 담당 스태프가 갑자기 본심을 털어놓았다. 돌봄 방침, 비용, 주거, 그리고 상속……. 친족이 있으면 이 가운데 어느 하나라도 그 친족의 의향을 무시할 수가 없다.

　물론 고령자 본인의 뜻이 확고하다면 그것을 근거로 돌봄 서비스나 주거를 결정할 수는 있다. 그러나 지원해주는 친족이 있으면 고령자 본인도 그 친족의 의향을 무시한 채 자신의 미래를 스스로 결정하기가 어려우며, 대부분의 경우 친족의 의견을 존중할 수밖에 없다. 그렇게 되면 본인과 친족의 의향이 엇나갈 경우 '지원해주는 친족을 배려해' 자신보다 친족의 뜻을 우선하는 일지 많지 않을까? 그 결과 복지 현장에서 일하는 스태프들은 당혹스러워한다. 그들은 고령자 본인의 의사를 우선해 본인이 바라는 노후를 실현시켜주고 싶어 하기 때문이다.

　"친족이 있으면 오히려 지원이 어렵습니다."

　현장에서 들은 이 말의 의미를 다시 한 번 곱씹어보니 해결의 어려움이 다시 한 번 느껴졌다. '가족(친족)에 대한 배려'가 고령자 본인을 지원으로부터 멀어지게 만드는 것이다.

　도와주는 친족의 의향이 고령자 본인이 희망하는 노후와 차이가 있을 경우 지원이 어려워지는 것은 생활보호를 신청할 때만 나타나는 현실이 아니다. 특히 본인이 치매 등으로 판단 능력을 상실했을 경우 친족의 결정은 고령자 본인의 노후를 좌우하는데, 이것이 지원을 멀어지게 하는 결과를 낳기도 한다. 잔혹하다면 잔혹한 현실이다.

이 현상이 현저히 드러나는 것이 '성년후견 제도'다. 우리는 치매로 의사 결정이 어려워진 고령자 대신 각종 계약 행위 등을 대행하는 성년후견 제도에 관해 취재하기 위해 요코하마의 법무사 단체를 찾아갔다.

치매 등 병으로 판단 능력을 상실해 금전 관리나 계약 행위를 할 수 없게 되면 본인 또는 친족이 신청을 통해, 혹은 이것이 어려울 경우 자치 단체장의 판단으로 성년후견인을 선정할 수 있다. 친족이 성년후견인이 되는 경우도 있고, 비용을 지급하고 변호사나 법무사에게 후견인을 위탁하는 경우도 있다. 고령자 본인의 희망에 맞춰서 생활을 설계하고 자산을 지키기 위한 제도다.

그러나 이 성년후견 제도에도 사각이 있다. 바로 고령자가 치매 등으로 충분한 판단 능력을 잃었음에도 친족이 성년후견인을 선정하고 싶지 않다고 거부하는 사례. 친족으로서 후견인이 되기는 '귀찮으니' 싫다고 거절한다. 한편 변호사나 법무사 등 법률 전문가에게 맡기는 것은 '돈이 들어가므로' 그것도 싫다고 거부한다. 사실 후견인에게 비용을 치른다고 해도 딱히 친족의 지갑에서 돈이 나가지는 않는다.

당사자인 고령자의 재산에서 매달 10~20만 원 정도(의뢰하는 후견 내용에 따라 차이가 있다)가 빠져나가므로 친족에게는 아무런 영향도 없다. 그럼에도 후견인 선정을 거부하는 사례가 적지 않다. 거부하는 이유는 대부분 '상속할 수 있는 자산을 줄이고 싶지 않다'라는 이기적인 생각이다. 이 경우, 어지간히 오지랖이 넓은 사람이 억지로 밀어붙이지 않는 이상 후견인을 선정하지 않게 된다.

실제로 후견인을 맡고 있다는 법무사의 이야기를 들어 보니 친족 내분의 지저분함은 상상을 초월한다고 한다. 치매에 걸린 고령자의 자산을 자신들이 쓰는 것이 마치 당연한 권리인 양, '법률 전문가에게 후견인을 맡기면 할머니의 예금을 마음대로 쓸 수 없게 되는 게 아닐까?'라고 걱정하는 사람들도 적지 않다. 실제로 허락도 없이 예금을 증손자의 입학금으로 써버리는 바람에 고령자 본인이 복지 시설에 들어가지 못한 사례도 있었다니 놀라울 따름이다.

"성년후견 제도의 본래 취지는 고령자 본인의 생활과 권리를 지키자는 것입니다. 아무리 소중한 친족이라 해도 그 사람 때문에 고령자 본인의 노후와 생활이 위협을 받는다면 그것은 제도의 취지에서 벗어난 행동이지요."

일상적으로 후견인을 위탁받고 있는 법무사는 후견인 제도에 대한 사회의 몰이해를 한탄했는데, 그 피해자는 결국 고령자들이다. 거액의 예금을 가지고 있음에도 복지 시설에 들어가지 못하고 쓰레기장 같은 집에서 살거나, 하루에 수도 없이 전화를 거는 업자에게 영문도 모른 채 깃털 담요 등을 대량으로 강매당해 재산을 잃은 사람도 있다. 후견인 제도는 이런 사태를 방지하기 위한 제도다. 고령자 본인이 열심히 일해서 모은 자산은 본인의 풍요로운 노후를 위해 사용되었으면 하는 바람이지만, 현실은 그렇지가 않다.

한편 의지할 수 있는 친족이 없는 고령자에 대해 후견인을 둘 필연성이 있을 경우 예외 제도를 운용하는 사례도 늘어나고 있다. 친족이 없거나 절연 상태일 경우 친족을 대신해 해당 자치 단체의 장이 신청하는 제도로, 절대적인 건수는 많지 않지만 급속히 증가하고 있다.

"행정 당국으로서는 역시 원칙적으로 친족의 양해를 얻은 다음 후견인을 붙인다는 자세를 견지하고 있습니다. 자치 단체장이 신청해서 후견인을 지정했는데 나중에 친족이 '왜 시키지도 않은 짓을 한 거요!'라며 반대할 위험성이 있으니까요."

'시민 후견인' 양성을 추진하는 비정부기구의 간다 스케하루(神田典治) 대표는 이렇게 설명했다. 자치 단체 직원으로서 복지 행정을 담당한 경험을 바탕으로 볼 때, 행정 기관의 힘만으로는 성년후견 제도를 충분히 활용토록 유도할 수 없음을 느꼈다고 한다. 그래서 퇴직 후 직접 비정부기구를 설립해 후견 업무 상담과 제삼자인 시민이 후견인이 되는 '시민 후견인' 양성 등을 실시하고 있다. 간다 씨는 친족이 있더라도 함께 사는 세대가 격감하고 있는 현실을 볼 때 후견인이 되어 지원하는 역할이 앞으로 더욱 필요해질 것이라고 말했다.

그렇다면 실제로 후견인을 선임하기까지 어떤 절차가 필요할까? 치매 등으로 판단 능력을 상실한 고령자에게 돌봄 서비스가 필요할 경우, 본인이 신청할 능력이 없기 때문에 후견인이 필요하다. 이때 행정 기관이 제일 먼저 하는 일은 친족 찾기다.

친족을 찾더라도 그 친족이 후견인이 되기를 거부한다면 절차는 중단된다. 친족을 금방 찾지 못했을 경우에도 조카 등 먼 친척 중에 후견인을 맡길 수 있는 사람이 없는지 철저히 조사한다. 그래도 찾지 못하면 자치 단체장이 신청을 할 수 있다.

그런데 여기에서 문제는 아무리 조사해도 친족을 찾을 수 없었는데 자치 단체장이 신청을 한 뒤에 갑자기 친족이 나타나는 경우다. 그럴 위험성이 있기 때문에 아무래도 행정 기관의 재량으로 후견인을 선임하는 데 소극적인 경향이 있다고 한다. 그럼에도 '자치 단체장의 신청'으로 후견인이 선임되는 사례가 급증하고 있는 이유는 그만큼 '홀로 살면서 의지할 수 있는 친족이 없는' 고령자가 많아졌기 때문이리라.

후견인이 없으면 곤란한 사람은 고령자 본인이다. 예금이 있어도 자신을 위해 써야 할 '돈'을 쓰지 못하며, 필요한 서비스도 받지 못하고 방치되어버린다. 성년후견인 제도를 가로막는 '벽'은 만연한 이기주의와 후견인 제도에 대한 몰이해만이 아니다. 판단 능력을 잃기 전에 자신의 노후에 대해 적극적으로 고민하고, 믿을 수 있는 친족이 없다면 자신의 노후를 누구에게 맡길지 결정해놓을 필요가 있는 시대인 것이다.

타인에게
신세를 지는 것에 대한
죄책감

▾
▾
▾
▾

2013년, 「'치매 환자 800만 명' 시대. 도움을 요청하지 못하는 사람들—고립되는 치매 고령자」라는 방송을 위해 스미다 구를 취재했을 때 어떤 사례를 목격했다. 도영 단지에서 홀로 사는 고령 여성이었다. 도우미와 동행해 그 여성의 집을 방문했는데, 방에는 옷가지와 신문 등이 어지럽게 흩어져 있었다.

"이분은 혼자서 생활하고 계신데, 아드님이 가끔 보러 오십니다. 그래서 아드님에게 어머님께서 혼자 생활하시기가 어려워 보이니 돌봄 서비스를 확충하는 편이 좋지 않겠느냐고 상담을 했는데……."

　학교 교사인 아들은 여성의 집에서 전철로 1시간 정도 떨어진 곳에 살고 있었다. 학교 일이 바쁜지 몇 주에 한 번 정도 주말에 어머니를 찾아오는데, 하체가 약해져 장을 보러 나가지도 못하는 어머니를 위해 컵라면과 빵 등 보존 기간이 긴 음식을 사 온다고 한다. 그러나 생활환경을 좀 더 개선하는 편이 좋으니 돌봄 서비스를 확충하자고 권해도 계속 거부하고 있다는 것이다.

　"어머니에게는 제가 있으니 걱정하실 필요 없습니다"라는 말만 되풀이하며 그 이상 상담에 응하려 하지 않았다. 한편 어머니는 비록 수주에 한 번뿐이지만 아들이 찾아와주는 것이 고마운지 아들의 결정에 전혀 토를 달지 않는다고 한다. 이렇게 되면 돌봄 서비스를 늘리거나 바꾸기는 불가능하다.

　이 사례에서 아들이 돌봄 서비스를 거부하는 이유는 '자식이 부모를 돌보지 않고 다른 사람한테 맡기다니……'라는 세상의 따가운 눈초리를 두려워해서가 아닐까? **애초에 돌봄 서비스 보험 제도의 창설 목적 중 하나는 가족을 돌봄의 부담으로부터 해방시키는 것이다.**

　그러나 '돌봄=가족이 해야 할 일'이라는 인식이 아직도 남아 있다. 홀로 생활하는 데 불편이나 부자유를 느꼈을 때 적극적으로 돌봄 서비스를 이용토록 유도하려면 이런 사회의 인식을 바꿔나가는 일도 중요하지 않을까?

　　돌봄 서비스는 우리 모두가 노후에 당연하게 이용할 수 있는 '권리'이기 때문이다.

도미노처럼
연쇄 파급되는 노후파산

▼
▼
▼

　　도쿄 도내의 지역 포괄 지원 센터에는 노후파산에
처해 생활보호 등을 신청하는 고령자의 수가 급속히 증가하고
있다. 노후파산이 확대일로를 걷고 있는 것이다. 그러나 그것만
이 아니다. **고령자를 지탱해야 할 '일하는 세대'에서도 장래에 노**
후파산으로 이어질지 모르는 심각한 조짐이 나타나기 시작했다.

　　이른바 '노후파산 예비군'이다. 우리는 이것을 여실히 보여주
는 사례를 목격했다.

　　도쿄 스미다 구의 단독 주택에서 사는 80대의 부모와 50대의

아들, 3인 가족의 사례였다. 집을 방문한 우리는 2층에 있는 거실로 안내를 받았다. 4평 정도 되는 거실의 가장자리에 놓인 침대에서는 기무라 고지(木村浩二, 가명, 87세) 씨가 자고 있었다. 거의 하루 종일 침대 신세를 져야 하는 상태라고 하는데, 그런 고지 씨를 아내인 지요(木村千代, 가명, 85세) 씨가 돌봄 서비스를 이용하면서 보살피고 있었다. 주변에는 목수였던 고지 씨의 도구인지, 쇠망치와 톱 등의 목공 도구가 여기저기에 놓여 있었다.

"가부장적 기질이 강하고 자신이 하는 일에 자부심이 큰 사람이었지요. 3년 정도 전에 입원한 뒤로 몸을 움직일 수가 없게 되었답니다."

아내인 지요 씨는 침대에서 자고 있는 남편의 얼굴을 보면서 이렇게 말했다. 연금으로 근근이 살고는 있지만 아내가 헌신적으로 돌봐주는 덕분에 두 사람은 어떻게든 생활을 유지하고 있었다. 그러나 문제는 아들이었다. 몇 년 전에 구조조정으로 직장을 잃은 뒤 아직도 일자리를 구하지 못한 상태였다. 아들도 빠듯한 부모의 연금에 의지해 살고 있었던 것이다.

"취직할 생각은 있는 건지, 낮에는 뭘 하고 있는지 알 수가 없네요."

지요 씨는 어깨를 축 늘어뜨렸다. 아들은 거의 방에 틀어박혀서 나오지 않았고, 나오더라도 부모와 대화조차 하지 않는다고 한다. 식사도 문 앞에 놓아두면 가지고 들어가서 먹고 빈 접시만 내놓았다.

"일은 안 할 거냐고 물으면 손을 쓸 수 없을 정도로 화를 내기 때문에 이제는 말도 못하고 있습니다."

이런 사례의 경우는 '세대 분리'라고 해서 부모 세대로부터 자식을 독립시키고, 필요하다면 생활보호와 함께 취직 활동 등 자립을 지원하는 방법도 있다. 그러나 아들은 자치 단체의 담당자가 찾아와도 대화는 고사하고 방에서 나오려고도 하지 않았다. 자치 단체에서는 이대로 방치하면 자식은 물론이고 부모의 생활까지 파탄이 날 위험이 있다고 걱정하고 있었다.

그러나 어머니인 지요 씨가 걱정하는 것은 자신들의 생활이 아니라 아들의 미래였다. 직장에서 구조조정을 당한 뒤로 아들은 연금 보험료를 내지 않고 있다는 것이었다. 이대로는 노후에 생활의 근거가 되는 연금을 거의 받지 못하게 된다. 지금은 아직 부모가 살아 있으므로 두 명 분의 국민연금이 나오지만, 두 사람이 세상을 떠나면 아들은 자신의 연금만으로 생활해야 한다. 그 것만이 아니다. 아들이 연금을 받을 수 있는 나이가 되기 전에 부모인 자신들이 죽으면 그 순간 수입이 뚝 끊길 우려도 있다.

"우리가 죽은 뒤를 생각하면 아들이 걱정돼서 잠도 이룰 수가 없답니다."

지역 포괄 지원 센터의 스태프는 이렇게 직업이 없는 중·노
년의 자녀와 부모가 함께 사는 가족이 눈에 띄게 늘고 있다고
말했다. **현재 '일하는 세대'가 40~50대가 되어 수입이 줄거나
일자리를 잃어버리면 의지할 수 있는 것은 생활보호를 제외했
을 때 부모의 연금밖에 없다.** 물론 의지할 수 있는 부모가 있을
때는 문제가 되지 않는다. 그러나 부모의 연금에 기대어 살다가
부모가 큰 병에 걸리거나 하면 그 순간 생활이 막막해진다. 게다
가 부모가 세상을 떠나면 수입은 뚝 끊긴다.

이렇게 해서 노후파산이 연쇄적으로 일어난다. '일하는 세대'
가 자립할 수 있는 사회를 만드는 것도 노후파산을 미연에 방지
하기 위해 필요한 일이 아닐까?

또 다른 사례는 좀 더 심각한 문제를 내포하고 있었다. 늙은
어머니와 아들이 단둘이 사는 가정으로 역시 아들이 일자리를
잃은 뒤 재취업을 하지 못해 어머니의 연금에 의지하며 생활하
고 있었는데, 문제는 아들이 어머니를 학대하고 있다는 의혹이
었다. 인근 주민으로부터 아들이 고함을 치는 소리와 어머니가
우는 소리가 간간히 들린다는 신고가 들어와서 지역 포괄 지원
센터가 살펴보러 간다는 이야기를 듣고 동행을 부탁해 허락을
받았다.

오전 10시, 집에 도착해 초인종을 눌렀다. 그러나 반응이 없었다. 다시 초인종을 눌렀을 때 현관의 미닫이문이 드르륵 열렸다. 50대 중반쯤으로 보이는 남성이 "무슨 일인가요?"라며 부자연스러운 웃음을 지었다.

"자치 단체에서 왔습니다. 고령자가 계신 가정을 방문하고 있는데, 생활에 불편한 점은 없나 해서요."

이런 상황에서 스태프는 절대 "학대가 있다는 신고가 들어와서……"라고 말하지 않는다. 사실을 확인하기 전까지는 신중하게 대응한다.

"나이 드신 어머니가 계시지만 딱히 불편한 점은 없습니다. 걱정 안 하셔도 됩니다."

아들은 빨리 대화를 끝내고 싶어 하는 눈치였다. 그때 아들이 몸이 부들부들 떨렸다. 자세히 보니 술에 취했는지 눈에 초점이 없었다. 스태프는 "그러신가요?"라고 대답하면서도 "어머님께서는 건강하신가요?"라고 물으며 집 안을 들여다보려 했다. 그러나 아들이 현관문의 틈새를 몸으로 막듯이 서 있었기 때문에 들여다볼 수 없는 상황이었다.

"어머니는 지금 몸이 안 좋으셔서 누워 계십니다. 그러니까 오늘은 그만 돌아가 주셨으면……."

아들은 아무래도 어머니를 보여주고 싶지 않은 모양이었다.

그때 일순간이지만 틈새로 집 안을 살짝 엿볼 수 있었다. 현관 안쪽의 방에 사람으로 보이는 그림자가 보였다. 웅크리듯이 앉아 있었는데, 어깨를 오들오들 떨고 있는 것처럼 보이기도 했다.

스태프가 그것을 보고, "아, 어머님이신가요?"라며 안을 향해 말을 건 순간이었다.

"빨리 방으로 안 들어가고 뭐해!"

아들이 큰 소리로 어머니에게 외쳤다. 그리고 다시 부자연스러운 웃음을 지으며 돌아봤다.

"미안합니다. 조금 치매가 있어서요."

소리칠 때의 기세에 현관이 열려 집 안의 모습이 보였다. 오들오들 어깨를 떨고 있던 어머니는 울고 있었다. 소리 내어 울고 있었다. 아침부터 술에 취한 아들과 웅크려서 울고 있는 어머니. 누가 봐도 이상한 광경이었다.

그때였다. 어머니가 떨리는 목소리로 뭔가 말을 했다. 그러나 목소리가 너무 작아서 잘 들리지 않았다. 아들은 그것도 신경이 거슬렸는지 "시끄러! 닥치고 있어!"라고 다시 소리를 질렀다.

어머니는 떨면서 작은 목소리로 계속 말을 했다. 소리가 익숙해지자 무슨 말을 하고 있는지 조금이나마 들리기 시작했다.

"또 술이라니, 제발 정신 차리렴……."

그 순간 아들은 어머니 쪽을 돌아보며 소리쳤다.

"닥치라고 했지!"

그리고 다시 거짓 웃음을 띤 부자연스러운 표정으로 이쪽을 돌아봤다. 아무리 봐도 정상이 아니었다.

스태프는, "아드님께서는 뭔가 불편한 점은 없으신가요?"라고 부드럽게 물었다. 그러자 아들은 "아니요, 딱히 불편한 점은 없습니다만……"이라고 말하다 잠시 뜸을 들이더니 "있다면 취직 문제이려나요……"라고 중얼거렸다.

"일을 하고 싶은데 좀처럼 일자리를 찾을 수가 없어서 말이지요."

이 어머니와 아들은 오랫동안 함께 살고 있었다. 아들도 성실히 일해왔기에 생활을 유지할 수 있었을 것이다. 그러나 아들의 실직이 이 가족을 파탄의 구렁텅이에 빠트렸다. 아들이 어머니를 학대하고 있다면 그것은 절대 용서받을 수 있는 일이 아니다. 그러나 한편으로 이 아들 역시 안정된 수입이 있는 일자리를 얻기 어려워진 사회의 피해자인지도 모른다.

"아드님도 힘드시겠네요. 그게 스트레스 때문에 가족을 학대하거나 하는 사례가 있지 않습니까? 그래서 저희도 걱정이 되어서……."

스태프는 슬슬 본론을 꺼냈다. 그러나 아들은 여전히 변함없는 어조로 대답했다.

"아, 최근에 그런 일이 많은 모양이더군요. 하지만 저는 학대 같은 건 안 하니 걱정 안 하셔도 됩니다."

지역 포괄 지원 센터의 스태프는 이날 아무런 교섭도 하지 못한 채 돌아갔다. 돌아오는 길에 "앞으로 어떡하실 생각이신가요?"라고 묻자 학대가 의심되니 자치 단체 등과 상담해보겠다고 대답했다. 가정 문제에는 강제 개입이 어렵기 때문에 그 자리에서 대응할 수 없는 점이 안타까웠다.

그 아들은 이대로 어머니의 연금에 기대어 살아갈까? 일자리를 구하지 못한 채 아침부터 술을 마시고 있는 아들을 울면서 설득하는 어머니의 깊은 애정이 안타깝게 느껴졌다.

언젠가 어머니라는 존재를 잃으면 아들의 수입은 끊긴다. 그렇게 되면 노후파산을 절대 피할 수 없다. 어머니가 파산하지 않고 버티더라도 아들의 파산은 피할 수 없다. **일하는 세대에 확산되고 있는 고용 문제와 저소득 문제를 방치하면 노후파산은 연쇄 반응을 일으켜 한층 더 확산될 우려가 있음을 느낄 수 있었던 사례였다.**

"부모를 돌보았을 뿐인데
파산 신세가 되었네요"

▼
▼
▼
▼

　　　　가족이 있어도 노후파산을 피할 수 없다는 가혹한 현실……. 그중에서도 부모를 돌보기 위해 자녀가 일을 그만두고 부모와 함께 살다가 공멸하는 사례가 눈에 띄게 늘어나고 있다. 도쿄 도내에 있는 지역 포괄 지원 센터가 소개해준 사와다 노리오(澤田則夫, 가명, 62세) 씨도 그런 사람 중 한 명이었다.

　　2014년 7월, 우리가 사와다 씨를 처음 만난 곳은 아사쿠사 역 앞이었다. 약속 시간이 지났는데도 나타나지 않아서 휴대전화로 연락을 하자 "지금 가고 있습니다. 늦어서 죄송합니다. 걸음이

늦어서……"라고 말했다.

얼마 후 나타난 사와다 씨는 180센티미터에 가까운 장신에 허리도 꼿꼿했지만 오른손에 지팡이를 쥐고 있었다. 2년 전에 뇌경색으로 쓰러져 한때 반신불수였지만 재활 훈련 덕분에 간신히 걸을 수 있게 되었다고 한다. 지금도 두 다리에 마비가 남아 있어서 지팡이에 의지하며 천천히 걸어야 했다.

반신불수의 영향으로 언어 장애도 있었던 탓인지 때때로 뭐라고 말하는지 알아듣기 어려울 경우도 있었는데, 발음이 명확하지 않아 죄송하다며 사과하는 등 공손한 사람이었다.

역 앞의 찻집에 들어가 노후파산 이야기를 꺼내자 사와다 씨는 62세인 자신도 가까운 미래에 그렇게 될 것이라고 단언했다.

"틀림없이 노후파산 신세가 될 겁니다. 아니, 이미 그렇게 되었네요……."

사와다 씨는 20대에 도쿄 도내의 애완동물 관련 회사에서 일하면서 공부를 거듭해 30대에 자신의 애완동물 가게를 경영한다는 꿈을 이루었다. 동물을 참으로 좋아해서 자신의 일에 정신없이 몰두했던 사와다 씨는 결혼도 하지 않은 채로 어머니와 둘이서 생활했다. 아버지를 일찍 여읜 사와다 씨에게 어머니는 한 명밖에 없는 소중한 가족이었다.

그러나 7년 정도 전, 55세였을 무렵에 사와다 씨의 인생이 어굿나기 시작했다. 어머니의 치매가 악화됨에 따라 어머니를 돌보느라 가게에 나가지 못하는 날이 계속된 것이다. '끝까지 집에서 살고 싶다'는 어머니의 바람을 이루기 위해 일을 하면서 어머니를 돌봤다. 돌봄 서비스 보험의 서비스도 이용은 했지만 그래도 힘든 나날이었다.

"도우미도 쓰기는 했지만 횟수에 한계가 있기 때문에 식사나 기저귀 교환 등 제가 할 수 있는 일은 제가 했습니다."

점점 어머니에게서 눈을 뗄 수 없게 된 사와다 씨는 가게를 닫는 날이 늘어났다. 그러나 그래도 **충분히 어머니를 돌볼 수 없는 것이 괴로워서 결국 어머니를 돌보는 데 전념하기로 결심했다. 그때는 어머니의 연금이 있으면 생활은 어떻게든 될 것으로 생각했다고 한다.**

최근 수년 사이에 부모를 돌본다는 이유로 일을 그만두는 사람의 수는 매년 10만 명 가까이 된다. 사와다 씨도 그중 한 명이었다. 결국 1년 정도 어머니의 곁을 떠나지 않고 돌보다 집에서 어머니의 임종을 지켜볼 수 있었다.

"어머니는 기뻐하셨을 겁니다. 그래서 제 결정에 대해서는 후회하지 않습니다."

그러나 그러한 선택은 사와다 씨의 인생을 바꿔버렸다. 50대에 재취업을 하려고 해도 자신을 고용해줄 곳을 찾을 수가 없었던 것이다. 이력서 수십 통을 보내고 매주 일자리 알선 센터를 찾아갔지만 실업자의 처지를 벗어나지 못했다.

사와다 씨는 어머니와 살아온 집을 팔기로 했다. 노후화된 집이어서 그리 큰돈은 되지 않았지만, 예금이 생긴 사와다 씨는 이사할 임대주택을 물색했다. 그러나 그 임대주택도 찾을 수가 없었다. 유일한 친족이었던 어머니가 세상을 떠나 신원 보증인을 부탁할 수 있는 사람이 없었기 때문이다.

"일을 하지 않았기 때문에 보증인이 있느냐 없느냐가 중요했을 겁니다. 그리고 고독사라도 하면 어쩌나 하는 걱정도 있었을지 모르지요."

결국 발견한 곳은 배낭여행을 하는 해외여행자를 대상으로 하는 저가 호텔이었다. 그런 곳에서 장기체류하는 사람이 늘고 있다는 이야기를 듣고 이사하기로 결심했다. 임대료는 한 달에 56만 원으로 결코 저렴하지는 않지만, 사와다 씨에게는 신원 보증인이 없어도 입주할 수 있다는 점이 중요했다.

찻집을 나선 뒤 우리는 사와다 씨의 숙소를 소개받기 위해 스미다 강가를 걸었다. 강가를 따라서 난 큰길에서 안쪽으로 들어가자 사와다 씨가 "저 집입니다"라고 손가락으로 가리키며 멈춰 섰다. 겉으로 보기에는 단독 주택처럼 생겼고 현관도 하나였다. 그 현관을 열쇠로 연 사와다 씨는 자신이 먼저 들어간 뒤 "들어오세요"라고 말했다. 현관을 들어서자 오른쪽으로 복도가 보였다. 사와다 씨는 그 복도를 가리키며 "제 방은 저쪽입니다"라고 말하고는 신발을 벗고 자신의 방으로 향했다. 복도에는 문이 여러 개 달려 있었는데, 그 하나하나가 방이라고 한다.

현관에서 두 번째 문을 열자 2.5평의 방에 쇠파이프로 만든 침대가 놓여 있었다. 그 침대 하나로 이루어진 공간이 사와다 씨의 거처였다. 침대 외의 다른 부분은 마분지 상자와 짐으로 가득 채워져 있었다. 침대 위에는 이불이 깔려 있고 작은 테이블도 놓여 있었다. 불과 0.5평 정도의 '거실 겸 침실' 공간이다.

"배부른 소리라고는 생각하지만, 솔직히 여기에서 그만 나가고 싶습니다."

그렇게 생각하는 가장 큰 이유는 좁은 공간이었다. 실질적으로 움직일 수 있는 공간은 침대 위뿐이어서 잠잘 때는 물론이고 식사도 침대 위의 테이블에서 하고, 다른 일도 전부 침대 위에서 해야 했다.

"그래도 현실적으로 생각하면 갈 곳이 없긴 합니다만……."

사와다 씨는 어깨를 축 늘어뜨렸다. 부동산을 수십 곳 돌아다녀 봤지만 뇌경색의 후유증도 있고 보증인도 없는 사와다 씨를 받아주는 곳은 없었다. 불과 0.5평도 되지 않는 이곳이 사와다 씨가 머물 수 있는 유일한 장소인 것이다.

돌봄 이직을 한 뒤 어머니의 임종을 지켜보고 50대가 되어 다시 일자리를 구하던 사와다 씨에게 뇌경색 발작은 불행의 연속이라고 말할 수밖에 없었다. 반신불수와 언어장애를 겪은 사와다 씨는 그래도 다시 자립하고 싶은 마음에 필사적으로 재활 훈련을 계속한 결과 다시 걸을 수 있게 되었지만, 지팡이로부터는 자립할 수가 없었다.

"몸 상태가 저 같은 사람을 고용해줄 곳이 있을 리가 없지요."

수입이 전혀 없기 때문에 집을 팔았을 때 저축해놓았던 돈도 계속 줄어들고 있다. 사와다 씨는 머리맡에 숨겨놓은 예금 통장을 꺼내더니 한숨을 쉬었다.

"점점 줄고 있습니다. 이제 1200만 원이 조금 더 남았네요."

사와다 씨는 연금을 받을 수 있는 나이인 65세까지 어떻게든 예금으로 버티고 싶어 했다. 받는 시기를 앞당길 수는 있지만 그러면 안 그래도 적은 연금이 더 줄어들기 때문이다. 그러나 언젠가 예금이 바닥나면 노후파산을 피할 수 없다고 한다.

"정확한 금액은 모르지만, 연금 수입은 고작해야 한 달에 10만 원에서 20만 원 정도일 겁니다."

가게를 열었을 때 연금 변경 절차가 제대로 진행되지 않았고 생활에 여유가 없어서 보험료를 못 낸 시기도 있었기 때문에 받을 수 있는 금액이 적다는 것이다. 일을 해서 수입을 얻지 못하는 한 다른 수입은 생활에 별 도움이 되지 않는다는 뜻이다.

"관청에 가서 생활보호 상담을 받은 적이 딱 한 번 있습니다. 그런데 예금 잔액이 50만 원이 되면 다시 오라더군요. 예금이 50만 원까지 줄었을 때 만에 하나 생활보호비를 받지 못한다면 저는 길거리에서 쓰러져 죽는 수밖에 없습니다."

사와다 씨는 생활보호를 받을 수 있다는 확답을 듣지 못했기 때문에 예금을 전부 써버릴까 봐 불안해했다. 그래서 조금이라도 돈을 쓰지 않을 방법만 생각한다고 무표정하게 중얼거렸다.

한 끼에
1000원 이하

▼
▼
▼
▼

    침대 주위에 쌓여 있는 마분지 상자에는 싸게 팔 때 잔뜩 사놓은 컵라면과 통조림이 채워져 있었다. 이날의 반찬은 고등어 통조림이었다. 사와다 씨는 즉석 밥을 하나 꺼내더니 방을 나와 복도 끝에 있는 공동 취사장으로 향했다. 스테인리스 개수대와 작은 독신자용 냉장고가 있고 그 위에 전자레인지가 놓여 있었다. 전자레인지에 밥을 넣고 스위치를 누르자 테이블이 빙글빙글 돌아갔다.

    "1000원 숍에서 식재료도 팝니다. 그게 없었으면 어떻게 살았을지……"

전자레인지에서 데워 김이 모락모락 올라오는 밥 위에 고등어 통조림을 얹었다. 고등어 통조림의 매콤달콤한 향기가 식욕을 자극했다. 사와다 씨는 허겁지겁 밥을 먹었다. 순식간에 밥이 사라졌다. 그리고 통조림 바닥에 남아 있는 국물을 수도 없이 떠먹었다. 이렇게 해서 10분도 지나지 않아 저녁 식사가 끝이 났다.

그런데 사와다 씨가 절약하지 않는 생활비가 있었다. 바로 '세탁비'였다. 사와다 씨가 사는 곳은 원래 호텔이었던 까닭에 세탁기가 없다. 그래서 동전 빨래방을 이용하는 수밖에 없다.

'비록 가진 돈은 없지만 창피하게 꾀죄죄한 옷차림으로 다니고 싶지는 않다'는 생각에서 사와다 씨는 일주일에 한 번 동전 빨래방에 간다.

8월 중순의 어느 날, 사와다 씨의 숙소를 찾아간 취재 스태프는 마침 손에 세탁 바구니를 들고 밖으로 나온 그를 만날 수 있었다. 빨랫감이 가득 담긴 바구니를 들고 걷는 사와다 씨의 이마에는 커다란 땀방울이 맺혀 있었다.

5분 정도 걸었을까, 갑자기 사와다 씨가 멈춰 서더니 "저쪽으로 가면 예전에 제가 살던 집이 있습니다"라며 오른쪽을 가리켰다. 그리고 "가 보시겠습니까?"라며 그쪽으로 걷기 시작했다. 오랜만에 자신이 살았던 집이 보고 싶어졌는지도 모른다. 그러나 사와다 씨가 살던 집은 헐리고 없었다. 그 자리에는 대신 새하얀 새집이 지어져 있었다.

"제가 살던 집은 흔적도 없네요."

예전에 그곳에는 2층집이 있었다. 1층은 애완동물 가게였으며, 가게 안의 거실에 침대를 놓고 어머니를 돌봤다. 어머니의 임종을 지켜본 곳도 거실이었다. 사와다 씨는 과거에 이곳은 자신의 애완동물 가게를 가지고 싶다는 꿈을 이룬 장소이자 어머니와의 추억이 가득한 장소였다고 말하며 쓸쓸한 표정을 지었다.

"어쩔 수 없지요……. 그만 갈까요?"

얼마 동안 그 자리에 아무 말 없이 우두커니 서 있던 사와다 씨는 이렇게 말하며 다시 걷기 시작했지만 기운이 없어 보였다.

우리는 다시 동전 빨래방으로 향했다. 간선도로변에 있는 동전 빨래방은 평일 오후여서 그런지 한산했다. 사와다 씨는 바구니의 빨랫감을 세탁기에 전부 집어넣고 세제를 넣은 다음 주머니에서 동전 지갑을 꺼내 기계에 2000원을 넣었다.

'쏴' 하고 물이 흐르는 소리가 들리더니 세탁기가 돌기 시작했다.

"고작 2000원이라고 생각하실지도 모르지만, 저에게는 큰돈입니다."

식사 두 끼분을 웃도는 세탁비는 사와다 씨에게 커다란 부담이었다.

"빨래가 끝날 때까지 잠시 기다려야 합니다. 근처에 공원이 있는데, 그곳에 가보시겠습니까?"

세탁이 끝날 때까지 30분 정도를 기다려야 하는데, 사와다 씨는 인근의 공원에서 시간을 보냈다. 공원에는 작은 광장과 미끄럼틀, 그네 등의 놀이 기구가 있었다.

"저도 옛날에는 여기에서 놀았지요."

아직 부모님이 살아 계시던 어린 시절, 사와다 씨는 공원을 참으로 좋아했다. 초등학교 수업을 마치고 돌아오면 매일 공원을 찾아와서 해가 떨어질 때까지 야구나 술래잡기를 하며 놀았다. 지금도 공원 벤치에 앉아 있으면 그 시절의 정경이 눈에 아른거린다고 한다.

"그때는 불안도 없고 걱정도 없었지요. 정말 행복한 시절이었습니다."

먼 곳을 바라보며 이렇게 말하는 사와다 씨의 눈에는 눈물이 희미하게 맺혀 있었다.

"지금은……, 정말…… 불안하고, 불안하고, 또 불안해서…….."

그리고 말을 잇지 못했다. 몸이 망가졌고, 일을 할 수 없게 되었으며, 가진 돈이라고는 예금 1200만 원밖에 없다. 그리고 의

- 한 달 수입=0원
  (연금 없음)

생활비
(식비 등)
=30만 원

- 잔액=-86만 원

- 한 달 지출
  =86만 원

집세=56만 원

료비는 절약할 수도 없다. 그를 힘들게 하는 건 시시각각으로 다가오는 노후파산에 대한 불안감이었다.

잠시 고개를 숙이고 있던 사와다 씨는 뭔가 결심한 듯이 벤치에서 일어나 동전 빨래방으로 향했다. 빨래방에 도착하자 묵묵히 세탁기에서 옷가지를 꺼내 바구니에 던져 넣었다. 그리고 별말 없이 빨래방을 나왔다.

노후
파산

사흘 뒤 저녁, 아사쿠사의 거리는 인파로 가득했다. 스미다 강에서 열리는 등롱 띄우기 축제를 보러 온 관광객들이었다. 사와다 씨도 어렸을 때부터 부모의 손을 잡고 등롱 띄우기 축제에 참여했기 때문에 지금도 그날이 되면 마음이 엄숙해진다고 한다.

숙소를 나와 강변의 산책로를 걷고 있으니 서늘한 강바람이 기분 좋게 불어왔다. 통행인 중에는 등롱을 들고 있는 사람도 있었고, 강에는 놀잇배가 떠 있었다.

"가족 모두가 함께 보러 온 적이 있습니다. 취재를 받으면서 어머니 이야기를 하다 보니 오랜만에 가보고 싶다는 생각이 들더군요."

등롱을 띄우는 시간이 가까워지자 강변은 사람들로 북적였다. 담당 직원은 "밀면 위험합니다!" "그대로 천천히 걸으세요!"라고 열심히 외쳤다.

이때 "아, 띄운다"라고 사와다 씨가 말했다. 하나, 또 하나. 불을 붙인 등롱이 차례차례 강에 띄워졌다. 순식간에 수많은 등롱이 수면을 가득 채웠다.

"강 반대편에서 보면 더 잘 보입니다."

잠시 보고 있으니 온화한 불꽃을 품은 채 수면에 떠 있는 수천, 수만 개나 되는 등롱이 환상적인 광경을 연출했다. 사와다 씨는 기도하듯이 두 손을 모으고 눈을 감고 있었다. 돌아가신 어머니를 생각하며 기도하고 있었는지도 모른다. 그리고 잠시 떠내려가는 등롱을 바라보다 숙소로 돌아왔다.

숙소로 돌아오자 사와다 씨는 방구석에서 긴 낚싯대를 꺼냈다. 등롱 띄우기를 보고 와서 추억에 잠기고 싶어진 것이리라. 집을 팔았을 때도 버리지 않고 소중히 간직해온 낚싯대였다.

"이 모양 이 꼴로 살고 있는 제게 꿈이 있다면 다시 한 번 낚시를 가는 겁니다."

이룰 수 없는 꿈을 이야기하면서도 사와다 씨의 얼굴에는 웃음이 가득했다. 어쩌면 사와다 씨에게는 추억에 잠길 때가 마음의 안식을 얻을 수 있는 유일한 시간인지도 모른다.

"병원에도
갈 수 없습니다"

▼
▼
▼
▼

    사와다 씨의 취재를 시작하고 두 달이 지난 9월 초순, 환절기여서 그런지 그의 몸 상태가 갑자기 나빠졌다.

    "요즘 들어서 두통이 사라지지 않고 몸 상태가 엉망이네요. 밤에도 잠을 잘 수가 없습니다."

    우리가 숙소를 찾아갔을 때도 사와다 씨는 침대에 누운 채 일어나지조차 못했다. 두통은 뇌경색의 재발일 우려도 있다.

    "병원에는 꼬박꼬박 가고…… 있지 않습니다."

    경과 관찰을 위해 병원에 오라는 말을 들었지만 사와다 씨는 병원에 가지 않았다. 갈 수 없게 된 이유 중 하나는 '입원을 거절했기 때문'이었다. 뇌경색을 진찰한 주치의로부터 혈압이 높으니 입원하는 편이 좋겠다는 권유를 받은 뒤로 그 병원에 가지 않게 되었다.

"입원을 하면 몇십만 원이 날아갈지 알 수 없지 않습니까? 물론 입원하지 않겠다는 결정이 두렵기도 하지만, 지금의 저는 어차피 앞으로도 뒤로도 나아갈 수가 없는 상태입니다. 의사 선생님한테도 혼이 났습니다. 그러다가 죽는다고요."

병원에 갈 수 없게 된 뒤로 사와다 씨는 하루하루를, 아니 지금 이 순간에도 언제 쓰러질지 모른다는 두려움 속에서 살고 있다고 한다. 그리고 매일 아침 눈을 뜨면 '아, 오늘도 죽지 않았구나'라는 생각에 안도의 한숨을 쉰다.

의료비가 고액이 되면 일정 금액 이상은 돌려받는 제도가 있고 무료·저가 진료를 실시하는 병원도 있다고 설명해도 사와다 씨는 병원에 갈 생각이 없다고 말했다. 예금을 가지고 있으면 생활보호를 받을 수 없듯이 복지 제도도 이용할 수 없다고 믿고 있는 듯했다. 여기에 살아가려는 기력을 잃은 것도 사와다 씨를 병원으로부터 멀어지게 했다.

"5~6년 후가 되면 저는 틀림없이 이 세상에 없겠지요."

사와다 씨는 체념한 표정으로 이렇게 중얼거렸다. 치료를 포기했다기보다 인생 자체를 포기한 것처럼 느껴졌다.

"설령 고혈압으로 입원해서 몸이 회복되더라도 그 뒤에 뭐가 기다리고 있을지……."

입원 후에 사와다 씨를 기다리는 것은 틀림없이 노후파산이리라. 그러나 입원을 하지 않더라도 언젠가는 노후파산의 날이 찾아온다. 그 사실이 사와다 씨를 자포자기로 이끌었다.

'어머니의 곁을 지키고 싶다'는 생각에서 일을 그만두고 어머니 돌보는 것을 선택한 사와다 씨. 사와다 씨처럼 **부모를 생각해 선택한 길이 노후파산으로 이어지는 모습은 보고 싶지 않다.** 그런 용기 있는 선택을 한 사와다 씨이기에 노후파산의 결과 생활보호를 받게 된다면 그것은 파멸이 아닌 구원이었으면 한다. 그렇게 바라 마지않는다.

나가며

확대 재생산되는
노후파산

"이대로는 굶어죽을 수밖에 없습니다.
도와주세요."

2014년 9월에 NHK 스페셜「노인표류사회─'노후파산'의 현실」이 방송되고 반년 이상이 지난 현재, 신문과 잡지의 특집 기사에서 노후파산이라는 말을 종종 볼 수 있게 되었다. 생활보호를 받는 고령자 세대가 급증하고 있는 상황이 현실을 증명하고 있다. 한편 연수입 2000만 원 미만의 노동자, 즉 워킹푸어가 1100만 명을 넘어섰다는 소식도 들렸다. 노후파산의 예비군도 팽창하고 있는 것이다. 여기에 이런 워킹푸어 자녀가 부모의 연금에 기대어 살다 '공멸'하는 사례도 증가하고 있다.

어느 날, 복지 창구를 찾아온 80대 여성이 "이대로는 굶어 죽을 수밖에 없습니다"라고 호소했다. 혼자서 검소하게 살아온 여성의 집에 일자리를 잃은 아들이 들어온 것이 노후파산의 계기였다. 50대에 구조조정으로 일자리를 잃은 아들은 집세를 낼 능력이 없어져 고향으로 돌아왔다. 고향의 집에는 아버지가 세상을 떠난 뒤 어머니가 홀로 살고 있었다. 농촌의 오래된 집이어서 방은 충분했다.

그러나 어머니가 아들의 귀향을 기뻐한 것은 처음뿐이었다. 서서히 생활이 어려워졌다. 아들이 재취업을 하지 못해 80만 원이 조금 넘는 어머니의 연금으로 두 사람의 생활비를 감당하다 보니 적자가 계속되었고, 얼마 되지 않는 예금은 금방 바닥을 드러냈다. 그리고 반년 뒤, 진짜 불행이 찾아왔다. 아들이 뇌경색으로 쓰러진 것이다. 입원비를 해결하기 위해 친척을 찾아다니며 고개를 숙인 어머니는 아들이 퇴원할 무렵에는 마음고생으로 완전히 수척해진 상태였다. 한편 뇌경색의 후유증도 있어서 재취업이 더욱 어려워진 아들은 집에만 틀어박혀 나오지 않게 되었다. 어머니의 연금 80만 원만으로는 생활을 유지할 수도 없게 된 것이다.

"이대로는 굶어죽을 수밖에 없습니다. 도와주세요."

어머니가 복지 창구를 찾아와 이렇게 호소한 것은 아들과 함께 산다고 기뻐한 지 1년도 되지 않아서였다. 가족이 함께 살자며 선택한 길은 함께 노후파산이라는 결과로 끝났다.

이런 사례에서 알게 된 점은 노후파산이 결코 고령자만의 문제가 아니라는 것이다. 한창 일할 나이인 자녀를 둔 사람은 자녀에게 의지할 수 있을 것이라고 생각하며, 주위에서도 지원이 필요 없다고 판단하기 쉽다. 그러나 의지할 수 있을 줄 알았던 자녀의 존재가 오히려 노후파산의 계기로 작용하는 사례가 끊이지 않고 있다.

일본에서는 약 20년에 걸쳐 일하는 세대의 평균 수입이 지속적으로 감소하고 있다. 평균 소득이 가장 높았던 1990년대에는 한 세대당 수입이 6500만 원을 넘어섰지만, 2012년(확인 가능한 가장 최신의 데이터)에는 5500만 원을 밑돌았다. 1000만 원이나 감소한 것이다. 평균 소득이 3000만 원을 밑도는 세대는 30퍼센트가 넘는다.

이렇게 일하는 세대의 '생활력'의 기반이 약해진 지금, 부모의 연금에 기대어 사는 사람이 늘어나고 있다. 그러나 그 부모도 홀로 살아 '생활력'의 기반이 약할 경우는 공멸할 우려가 있다. 게다가 부모와 자식이 함께 살 경우 노후파산에 처해도 금방은 생활보호를 받기 어려울 때가 있다. 다만 함께 사는 부모 자식의 생활고가 심각하고 직업이 없는 자녀가 은둔하거나 스트레스로 부모에게 폭력을 행사하는 등의 문제가 발생하면 부모와 자식을 별거시켜 각각 생활보호 등을 지원하는 '세대 분리'라는 조치를 취하기도 한다. 앞에서 소개한 어머니와 아들의 사례에서는 아들이 재활을 위해 노인 보건 시설에 입소함으로써 별거의 형태를 띠게 되었다. 아들에게 생활보호를 받게 해 의료비를 무상으로 처리하고, 어머니는 독거 세대로 돌아가 아들의 의료비 등을 부담하지 않아도 되게 함으로써 연금으로 생활이 가능하도록 지원했다.

이와 같이 부모와 자식이 공멸하는 새로운 노후파산이 잇따르는 데는 어떤 배경이 있을까? 그중 하나는 '고용'이라는 사회를 지탱하는 토대가 흔들리면서 미래에 대비할 여력이 없는 노동자가 늘어나고 있다는 구조적인 요인이다. 또한 '가족'의 형태가 변하면서 서로를 지탱하는 힘(유대)이 약해지고 있는 것도 한 원인이리라. 사회 보장 제도가 이런 '초고령 사회'의 실상을 따라가지 못하는 것도 이런 현상을 가속시키고 있다. 그리고 지금, 우리는 고령자를 뒷받침해야 할 일하는 세대가 취약해진 것도 노후파산을 심각하게 만드는 요인일 수 있다는 측면에 대해 취재를 계속하고 있다.

현재 홀로 사는 고령자들에게 확산되고 있는 노후파산. 이것이 고령자에게만 일어나고 있는 현상이 아니라 일하는 세대에도 '연쇄' 또는 '공멸'의 형태로 나타나기 시작했다면 노후파산을 미래의 일본 사회에 악영향을 끼칠 수 있는 문제로 생각해야 하지 않을까? 그렇다면 이런 사태를 해결하기 위해 무엇이 필요할까? 우리는 그 질문에 대한 대답을 이끌어내기 위해 더욱 심층적으로 현장을 취재하려 한다. 한 사람 한 사람이 안심하고 살 수 있는 노후를 위해서.

후기

진짜 문제는
다음 세대로의 계승이다

나는 고등학생 때까지 과거에 석탄 생산지였던 후 쿠오카 현의 지쿠호에서 살았다. 어린 시절에 우리 집에는 부모 님과 누나, 남동생 이외에 할머니도 계셨다. 할머니는 추석과 설날이 되면 5000원 정도의 용돈을 주셨고, 나는 그 용돈을 기쁘게 받았다. 할머니의 수입은 얼마 안 되는 연금뿐이었겠지만 가난하다는 생각은 들지 않았다. 3세대가 함께 살아서 부모님이 할머니를 돌봤기 때문이다. 이런 가정은 드물지 않았다. 친구 집에 놀러 가면 거의 할머니나 할아버지가 계셨다. 1960년대부터 1970년대에 적어도 내 주변에서는 그런 가정이 일반적이었다.

그러나 지금은 그런 가정이 일반적이라고 생각하는 사람이 얼마나 있을까? 나는 사회인이 된 뒤로 부모님과 함께 산 적이 없었다. 두 분 모두 고향의 집에서 멀리 떨어져 살기를 싫어하셨다. 아버지가 세상을 떠나신 뒤 어머니에게 함께 살자고 말했지만 역시 거부당했고, 어머니도 재작년에 아버지를 따라가셨다. 그리고 현재, 나는 나와 아내가 미래에 아들 가족과 함께 사는 모습은 상상해본 적조차 없다. 이것은 나만의 인식이 아닐 것이다.

자녀나 손자 손녀와의 동거율은 줄곧 하락해왔으며, 현재는 10퍼센트 정도에 불과하다. 국립 사회 보장·인구 문제 연구소는 2035년이 되면 약 38퍼센트가 독신 세대가 될 것이라고 예측했다. 도쿄로 한정하면 44퍼센트가 홀로 살게 될 것이라고 한다. 한편 제도는 어떨까? 국민 모두가 가입하는 국민연금 제도가 만들어진 시기는 1961년이다. 그 무렵에는 자녀와 손자 손녀와 함께 사는 것을 당연하게 생각했다. 그래서 우리 할머니처럼 연금은 손자 손녀에게 용돈을 줄 수 있는 정도로 충분했다. 그런데 가족의 형태가 급변하는 가운데 연금의 성격도 크게 바뀌었다. 충분한 수입이 있는 사람은 평안한 노후를 보낼 수 있을 것이다. 그러나 그렇지 못한 사람은 연금에 의지해 살아가는 수밖에 없다.

제도가 가족 형태의 변화를 따라잡지 못하고 있는 것이 아닐까? 방송에서 취재한 어느 연구자는 "결국 고령자 문제의 대부분은 돈으로 해결할 수 있습니다"라고 말했다. 물론 국가 재정 문제가 심각한 시대를 맞이하고 있음은 부정할 수 없다. 그렇다면 어떻게 해야 할까? 방송에 등장한 메이지 학원 대학의 가와이 가쓰요시 교수는 프랑스의 '제도 간 조정'이라는 시스템을 소개했다. 일본의 경우 적은 연금으로 생활하는 사람이라도 의료나 돌봄 서비스 부담은 원칙적으로 10퍼센트인데, 프랑스에서는 수입이 적은 사람이 의료나 돌봄 서비스 비용을 낸 결과 일정 수준의 수입을 밑돌게 될 경우는 비용을 줄여주는 식으로 제도를 조정하는 시스템이 있다고 한다. 요컨대 항상 최저 생활 수준을 확보할 수 있게 한다는 발상이다. 또한 가와이 교수는 이렇게도 말했다.

"가령 수입이 적어서 병원에 가기를 망설이거나 돌봄 서비스를 받지 않으면 증상이 악화되어 사회적 비용이 더 들어가게 됩니다. 노후파산을 예방하는 시스템을 만드는 편이 더 싸게 먹힌다는 말이지요."

참고할 만한 지적이 아닐까?

방송 후 방송국에는 시청자들의 반응이 쏟아졌는데, 의외였던 것은 젊은 세대의 반응이었다. 그들은 "남의 일이 아닙니다" "지금 돈을 모아놓지 않으면 저도 그렇게 될 겁니다"라고 말했다.

사실 방송을 제작하면서 스태프들도 그런 이야기를 나눈 적이 있다. 진짜 문제는 노후파산이 다음 세대로 계승되는 것이 아니겠느냐는 이야기였다. 이 책의 제5장에서 소개한 바와 같이 부모를 돌보기 위해 일을 그만뒀다가 그 후에 수입이 없어져 자신이 노후파산에 몰리는 일은 얼마든지 일어날 수 있다. 젊은 세대의 뜨거운 반응은 이것과 관계가 있다는 생각이 들었다.

비정규직 고용 등 불안정한 고용이 증가하는 가운데 결혼하지 않는 젊은이도 늘어나고 있다. 부모의 연금에 기대면 당분간은 살아갈 수 있을지 모르지만, 결국 그들을 기다리는 것은 노후파산의 재생산이다.

우리는 지금 이 문제에 집중하고 있다.

누구에게나 찾아올 수 있는
가혹한 미래

일본에 머물던 시절, 나는 텔레비전에서 충격적인 르포를 두 편 봤다. 첫 번째는 '넷카페 난민', 한국식으로 표현하면 피씨방 난민을 취재한 방송이었다. 일정한 직업도 주거지도 없이 이용료가 저렴한 넷카페에서 잠을 자며 일용직으로 생계를 꾸려나가는 젊은이들의 힘든 삶을 보여줬다. 두 번째는 '워킹 푸어', 즉 아무리 열심히 일해도 빈곤에서 벗어날 수 없는 사람들을 취재한 방송이었다. 이 두 방송은 내게 커다란 충격을 안겼다. 남의 나라 일이라지만 결코 강 건너 불구경으로 느껴지지 않았다. 당시 방송을 보면서 느꼈던 공포와 암울함은 지금도 잊히지 않는다.

그리고 이 책, 『노후파산』은 당시 느꼈던 공포와 암울함을 되살아나게 했다. 아니, 그때보다 더 큰 충격을 줬다. 이 책을 번역하는 과정에서 나는 수없이 키보드 위에서 손가락을 내려놓아야 했다. 내용이 어려운 것도 아닌데, 왠지 번역을 진행할 의욕이 생기지 않아 수시로 마음을 다잡아야 했다. 그 이유는 아마도 책에 소개된 노후파산에 처한 사람들에 대한 안쓰러움과 함께 이것이 현재 누군가가 겪고 있는 현실이자 일부를 제외하면 누구에게나 찾아올 수 있는 미래임을 직감했기 때문일 것이다. 요컨대 이것이 나 자신의 미래일 수도 있다는 공포심을 느낀 것이다.

이 책은 가능하면 외면하고 싶은, 그러나 직시해야 하는 가혹한 현실을 보여준다. 이 책에서 소개한 고령자들은 우리 주변에서도 흔히 볼 수 있는 삶을 산 사람들이다. 어떤 사람은 직장에서, 어떤 사람은 가정에서 최선을 다하며 살았다. 그러나 그런 사람들도 노후파산을 피할 수는 없었다. 노후파산은 단순히 젊었을 때 게으르게 살았거나 '노력'이 부족한 사람에게만 찾아오는 미래가 아닌 것이다. "오랫동안 정말 열심히 일해왔는데 이렇게 살고 있다니, 지금까지 내 인생은 뭐였나 하는 생각이 들어서 허무해집니다"라는 한 고령자의 탄식은 이를 잘 말해준다.

노후파산은 결코 일본만의 문제가 아니다. 노후파산이 진행되는 과정을 간략히 살펴보면 이렇다. 노령이 되어 일자리에서 은퇴한다. 일을 하지 않게 되면서 수입원은 연금으로 한정된다. 그래도 처음에는 부부의 연금을 합쳐서든 저금해놓았던 돈을 헐어서든 생활을 유지할 수 있지만, 건강이 악화되어 의료와 돌봄 서비스가 필요하게 되거나 부부 중 한쪽이 먼저 세상을 떠나면 지출이 수입을 초과하게 된다. 한편 부양해줄 자녀가 없거나 생활이 어려우면 부모의 집에 얹혀살아 부담을 더욱 가중시킨다. 이러다가 결국 노후파산을 맞이하는 것이다. 이것은 한국에서도 이미 일어나고 있는 문제이며, 앞으로 일본만큼 심각해질 위험성이 높다. 초고속으로 진행되고 있는 저출산 고령화와 핵가족화, 불안정한 고용 상황, 결혼을 포기하는 젊은이의 증가는 그 위험성을 더욱 높이고 있다.

사회보장 제도도 일본과 비교할 때 딱히 더 나은 상황이라고 말하기가 어렵다. 국민연금 수령액의 상한선은 일본보다 높지만 여기에는 일정 수준 이상의 금액을 꾸준히 부어야 한다는 전제가 붙는데, 고용이 불안정해짐에 따라 점점 이 전제를 만족시키기가 어려워지고 있다. 또한 미래에 국민연금을 받을 수 있을지 걱정하는 국민이 많으며, 설령 재정에 문제가 없더라도 현재의 상황을 볼 때 지금보다 더 많은 금액을 내고 더 적은 금액을 받게 될 것은 거의 확실하다. 저출산 고령화로 돈을 받을 사람은 늘어나는데 돈을 낼 사람은 줄어들 것이기 때문이다.

그러므로 한국도 하루 빨리 노후파산에 대한 대책을 세워야 하지 않을까 싶다. 물론 나라고 당장 뾰족한 대책이 떠오르지는 않는다. 창피하지만 인터넷의 우스갯소리처럼 "그건 네(정부)가 생각해야지"라는 말(과 기대)밖에 할 수가 없다. 본문에 나온 한 연구자의 말처럼 "결국 고령자 문제의 대부분은 돈으로 해결할 수 있을" 터이지만, 돈이 하늘에서 뚝 하고 떨어지는 않는다. 결국 누군가의 주머니에서 나와야 하고, 그 부담은 현재 일하는 세대의 몫이 될 것이다. 이것은 가뜩이나 심화되고 있는 세대 간 갈등을 더욱 부추길 우려도 있다. 그렇기에 더더욱 정부의 지혜로운 정책이 필요하다. 가령 본문에도 나오지만 노후파산을 예방하는 시스템을 만드는 것도 하나의 방법일 것이다. 선거철이 되어서야 지키지도 못할 선심성 공약을 내놓기보다는 이런 시스템의 구축이, 그리고 고용 안정성을 높이는 등 노령 세대를 뒷받침할 젊은 세대의 경제적 체력과 출산율을 높일 방법을 궁리해 문제를 근본부터 해결하려는 노력이 더 중요할 것이다. 어려운 일임은 잘 알지만 대한민국의 미래를 위해서도 반드시 해결해야 할 문제라는 데는 이견이 없을 것이다.

이 책을 번역하면서 나의 마음을 가장 아프게 한 것은 "죽고 싶다"는 고령자들의 외침이었다. 나는 비교적 낙천적인 성격이어서, 부유한 가정에서 태어난 것도 아니고 딱히 돈을 잘 번다고도 말할 수 없지만 그래도 사는 것이 행복하다. 살아 있다는 것 자체에서 행복을 느낀다. 죽어서 나라는 존재가 사라지는 것이 가장 두렵다. 그런데 노후파산에 직면한 고령자들은 이구동성으로 "죽고 싶다"고 외친다. 그렇다고 그들이 원래부터 삶에 비관

적이었던 것은 아니다. 많은 고령자가 자신의 일에 자부심을 느끼며 살았고 지금도 작은 일에 기뻐할 줄 안다. 잠깐의 외출에도 아이처럼 즐거워하고, 단팥빵 한 개에 행복을 느낀다. 아마도 젊은 시절에는 살아 있다는 것 자체가 행복이었으리라. 그런 사람들이 지금 "죽고 싶다"고 외치고 있다. 대체 지금 느끼고 있는 절망감이 얼마나 거대하기에 삶에 대한 희망조차 앗아가버린 것일까? 감히 그분들의 심정을 이해한다고는 말하지 못하겠지만, 내가 그분들과 같은 처지라면 어떤 기분이었을지 상상하는 것만으로도 가슴이 먹먹해지고 눈물이 나오려 했다.

이 책의 사례는 어디까지나 일본의 이야기이지만, 이것은 곧 우리 주변의 이야기이기도 하다. 지금 이 순간에도 우리 주변 어딘가에서는 노후파산에 직면한 고령자들이 도움도 요청하지 못한 채 삶의 희망을 잃어가고 있을지 모른다. 본문에도 나오지만 노후파산에 처한 고령자들을 괴롭히는 것은 단순히 경제적인 어려움만이 아니다. 유대의 단절 또한 삶에 대한 의욕을 꺾는 한 요인이다. 이 책이 우리 사회에 노후파산에 대한 화두를 던지는 동시에 우리 주변에 있는 외로운 고령자들을 되돌아보게 하는 계기가 되기를 바라 마지않는다.

역자 김정환

옮긴이 김정환

건국대학교 토목공학과를 졸업하고 일본외국어전문학교 일한통번역과를 수료했다. 21세기가 시작되던 해에 우연히 서점에서 발견한 책 한 권에 흥미를 느끼고 번역의 세계에 발을 들여, 현재 번역 에이전시 엔터스코리아 출판기획 및 일본어 전문 번역가로 활동하고 있다. 경력이 쌓일수록 번역의 오묘함과 어려움을 느끼면서 항상 다음 책에서는 더 나은 번역, 자신에게 부끄럽지 않은 번역을 할 수 있도록 노력 중이다. 공대 출신의 번역가로서 공대의 특징인 논리성을 살리면서 번역에 필요한 문과의 감성을 접목하는 것이 목표다. 야구를 좋아해 한때 imbcsports.com에서 일본 야구 칼럼을 연재하기도 했다. 옮긴 책으로는 『1초 만에 재무제표 읽는 법』 『성과의 가시화』 『위기와 금』 외 다수가 있다.

장수의 악몽

노후파산

초판 1쇄 발행 2016년 2월 29일
초판 14쇄 발행 2024년 3월 20일

지은이 NHK 스페셜 제작팀
옮긴이 김정환
펴낸이 김선식

부사장 김은영
콘텐츠사업본부장 임보윤
콘텐츠사업1팀장 한다혜 **콘텐츠사업1팀** 윤유정, 성기병, 문주연, 조은서
마케팅본부장 권장규 **마케팅2팀** 이고은, 배한진, 양지환
미디어홍보본부장 정명찬 **브랜드관리팀** 안지혜, 오수미, 김은지, 이소영
뉴미디어팀 김민정, 이지은, 홍수경, 서가을, 문윤정, 이예주
크리에이티브팀 임유나, 박지수, 변승주, 김화정, 장세진, 박장미, 박주현 **지식교양팀** 이수인, 염아라, 석찬미, 김혜원, 백지은
편집관리팀 조세현, 김호주, 백설희 **저작권팀** 한승빈, 이슬, 윤제희
재무관리팀 하미선, 윤이경, 김재경, 이보람, 임혜정 **인사총무팀** 강미숙, 지석배, 김혜진, 황종원
제작관리팀 이소현, 김소영, 김진경, 최완규, 이지우, 박예찬
물류관리팀 김형기, 김선민, 주정훈, 김선진, 한유현, 전태연, 양문현, 이민운

펴낸곳 다산북스 **출판등록** 2005년 12월 23일 제313-2005-00277호
주소 경기도 파주시 회동길 490
전화 02-702-1724 **팩스** 02-703-2219 **이메일** dasanbooks@dasanbooks.com
홈페이지 www.dasan.group **블로그** blog.naver.com/dasan_books
종이 스마일몬스터 **출력** 민언프린텍 **제본** 국일문화사

ISBN 979-11-306-0737-5 (03300)

다산북스(DASANBOOKS)는 독자 여러분의 책에 관한 아이디어와 원고 투고를 기쁜 마음으로 기다리고 있습니다.
책 출간을 원하는 아이디어가 있으신 분은 다산북스 홈페이지 '투고원고'란으로 간단한 개요와 취지, 연락처 등을 보내주세요.
머뭇거리지 말고 문을 두드리세요.